W0068644

Die Neue Trennkost italienisch

Mirjam Hirano-Curtet

DIE NEUE TRENNKOST ITALIENISCH

MIDENA

Die Deutsche Bibliothek – CIP-Einheitsaufnahme

Hirano-Curtet, Mirjam:
Die Neue Trennkost italienisch: / Mirjam Hirano-Curtet.
(Fotos: Evelyn und Hans-Peter König).
Küttigen / Aarau : Midena-Verlag, 1995
    ISBN 3-310-00170-9

Zur Autorin
Mirjam Hirano-Curtet, geboren 1952, aufgewachsen in Reims
(Frankreich) als französisch-schweizerische Doppelbürgerin,
verheiratet mit einem Japaner, Mutter eines schulpflichtigen
Sohnes. Dipl. Arzthelferin, Gesundheitsberaterin GGB (Bruker).
Gibt Kochkurse für Laien und Profis und berät individuell im
Bereich Ernährung. Ausbildung in makrobiotischer Ernährung,
Zusatzausbildungen in Fußreflexzonenmassage, Shiatsu-
Akupressur, Bachblüten-Therapie.

Alleinvertrieb Deutschland

WELTBILD VERLAG GmbH
Steinerne Furt 68-70, 86167 Augsburg

3. Auflage 1996
© 1995 MIDENA VERLAG GmbH, CH-5024 KÜTTIGEN/AARAU
Gestaltung Umschlag: Dora Hirter, Birrwil
Alle Rezeptbilder: König & König, Zürich
Übrige Bilder: Martin Lehner und Ernst Fretz, Küttigen,
König & König, Zürich
Fotolithos: Max Meier AG, Küttigen
Satz: Kneuss Satz AG, Lenzburg
Herstellung: Druckerei Uhl, Radolfzell

ISBN 3-310-00170-9

INHALTSVERZEICHNIS

INHALTSVERZEICHNIS

Viva l'Italia

Wer an Sonne denkt und gutes Essen, spaziert in Gedanken sicherlich alsbald durch die malerischen Dörfer und Ortschaften unseres südlichen Nachbarlandes Italien. Und erinnert sich an die Geräuschkulisse und die Düfte der Märkte, welche zu den elementaren Begegnungsstätten dieses Landes gehören.

Beim Flanieren durch die Gassen und Marktstände erfährt man vieles über den Alltag und die Lebensgewohnheiten unserer südlichen Nachbarn und spürt auch, woher die Lebensfreude und Energie kommt, die seit Generationen durch ihre Lieder klingt und sie immer wieder allen möglichen Widerwärtigkeiten trotzen läßt: Es hat mit der Sonne zu tun, die dort einfach viel öfter, länger und wärmer scheint, und mit dem mediterranen Klima (das zwar in den Bergen auch rauh sein kann), das die Emilia-Romagna und die flache Po-Ebene zum prächtigen Obstgarten und zur fruchtbaren Kornkammer, die Hügel Liguriens und der Toscana bis hinab in die ‹Stiefelspitze› zum Paradies der Olivenbäume und die steilen, der Sonne zugewandten Hänge des Lazio und Siziliens zum Eldorado für alle Südfrüchte werden läßt.

Da ist es selbstverständlich, daß Obst und Gemüse täglich frisch geerntet und zubereitet werden und daß in den unterschiedlichen Regionen die eigenständigen, typischen Gerichte aus den einheimischen Produkten entstanden sind. Sie wurden und werden von Generation zu Generation überliefert, und meist liegt ihnen zu Grunde, was allem die Würze gibt: das kaltgepreßte Olivenöl. ‹Tutto nasce dell'olio›, alles verdanken wir dem Öl – sagen denn auch viele italienische Bauern, Köchinnen und Köche!

Hinter die Kulissen der italienischen Küche zu gucken, macht Spaß. Es ist eine einfache Küche, und das Wichtigste dazu wächst im Garten: ‹Ogni ben di Dio› (alles Gute, das der Herrgott gibt, wobei die eigene Mühsal und Arbeit diskret verschwiegen wird). Also Gemüse, Kräuter, Früchte und Beeren.

Selbstverständlich auch, daß in den Küstenregionen der frische Fisch oft auf den Tisch kommt – Fleisch war, zumindest für einen Großteil der ländlichen Bevölkerung, lange Zeit eine echte Rarität, dem Sonntag vorbehalten. Das hat sich inzwischen geändert, immer aber stehen, nebst den legendären Teigwaren, Gemüse und Kräuter im Zentrum der heimischen Gerichte.

Auch die Speisenfolge ist seit Generationen unverändert. Genüßlich eröffnen Antipasti (Vorspeisen) das Eßritual, gefolgt vom ‹Primo› (dem ersten Gang), der seit eh und je aus einem Teigwarenteller oder Risotto, allenfalls aus einer Minestrone oder einer anderen gehaltvollen Suppe besteht. Erst dann folgen ein Fisch- oder Fleischgericht mit Gemüsebeilage und danach der Nachtisch, der aus frischem Obst, einer köstlichen Creme, einem Gebäck oder aber einem Stücklein Parmigiano oder anderem Käse besteht.

Die italienische Küche ist, weil tierische Eiweißprodukte eher im Hintergrund stehen und weil ein Gang entweder Kohlehydrate oder tierisches Eiweiß enthält, wie gemacht für die Neue Trennkost. Vor allem: sie büßt wahrhaftig rein gar nichts von ihrer legendären Köstlichkeit ein, weil sie aus Über-

lieferung das zur Basis hat, was bei der Neuen Trennkost die große Rolle spielt: Getreide, Gemüse, Hülsenfrüchte und Obst. Womit eigentlich nur noch bleibt, zu den nachfolgenden Rezepten von Herzen ‹buon appetito› zu wünschen!

Mirjam Hirano-Curtet

Für meine italienische Großmutter Mina

Ich werde dich einen
Liebestrank lehren
ohne Arznei, ohne Kräuter,
ohne Hexenbeschwörung.
Es ist dies:
willst du geliebt werden,
dann mußt du zuerst lieben.

Mittelalterliche Folklore

Die Neue Trennkost

Die Neue Trennkost ist der ideale Einstieg in eine ausgewogene, vollwertige, kohlehydratbetonte Ernährung. Das heißt: weniger tierisches Eiweiß, weniger industriell gefertigte Nahrung, mehr Frischkost, mehr komplexe Kohlehydrate, mehr pflanzliches Eiweiß.

Die Neue Trennkost trennt anfangs konsequent jegliches tierische Eiweiß – auch Eigelb, Vollfettkäse und Quark gehören dazu – von Kohlehydraten.

Die Neue Trennkost distanziert sich aus diesem Grunde von der Hayschen Trennkost. Dank strikter Trennung wird der Anteil an pflanzlichen Lebensmitteln erhöht, derjenige an tierischem Eiweiß und versteckten tierischen Fetten reduziert. Dies ist das Hauptziel dieser Ernährungsform. Die Folgen einer tierisch-eiweißlastigen Ernährung sind vielfältig und reichen von Allergien, Asthma, Hautkrankheiten, Stoffwechselstörungen bis hin zu rheumatischen Beschwerden und geschwächter Immunabwehr.

Die Neue Trennkost ist einesteils ein guter Schutz gegen ernährungsbedingte Zivilisations- und Stoffwechselkrankheiten, wie z. B. Übergewicht mit all seinen Folgen, anderseits ermöglicht sie bei strikter Befolgung eine Gewichtsreduktion und fördert den Heilungsprozeß. Die Neue Trennkost mindert das Hungergefühl, bewirkt einen geregelten Stuhlgang und beeinflußt die Körperfunktionen im positiven Sinne. Es handelt sich dabei nicht um eine Diät. Sie wählen und entscheiden, was und wieviel Sie essen möchten. Und es besteht kein Anlaß, sinnlos und mit schlechtem Gewissen zu schlemmen. Die Neue Trennkost bietet jedem die Möglichkeit zu einer aktiven, eigenverantwortlichen Gesundheitsvorsorge.

Auch wenn wir das angestrebte Gewicht erreicht haben und der Stoffwechsel wieder optimal funktioniert, sollten wir Eßverhalten und Eßgewohnheiten öfters überprüfen und für Korrekturen offen sein, immer unter Berücksichtigung des Leitsatzes: Die Ernährung soll vollwertig und so natürlich wie nur möglich sein! Und was ganz wichtig ist, die neuen Eßgewohnheiten sollten nicht nur vom Bauch, sondern auch vom Kopf gesteuert und mitgetragen werden.

Das Ziel der Neuen Trennkost ist eine vollwertige, kohlehydratbetonte Ernährung mit wenig tierischem Eiweiß und einem großen Anteil an pflanzlichem Eiweiß und Faserstoffen, sogenannten Ballaststoffen.

Selbst wenn wir später nicht mehr konsequent trennen, ist es empfehlenswert, zu Fleisch, Fisch, Geflügel usw. eine Beilage und ein Dessert ohne tierisches Eiweiß zu wählen, d.h. Rezepten ohne Eigelb, Käse, Milch und Quark den Vorzug zu geben. So bekommen wir mit einer Mahlzeit automatisch weniger tierisches Eiweiß, und das ist wichtig.

Die Ernährungsregeln auf einen Blick

– Essen Sie so natürlich wie möglich.
– Essen Sie abwechslungsreich.
– Essen Sie tierisches Eiweiß so wenig wie möglich.
– Essen Sie im allgemeinen so wenig wie möglich. Kauen Sie gut und genießen Sie die Mahlzeit.
– Essen Sie mehr Vollkornprodukte, mehr faserstoffhaltige Lebensmittel.
– Nehmen Sie weniger Fabrikzucker (auch in Getränken) und Süßigkeiten.
– Essen Sie nicht zu salzig. Nicht nur gesünder, sondern auch schmackhafter würzen läßt sich mit Kräutern und Gewürzen, Zitronensaft usw.
– Achten Sie auf die versteckten Fette (Käse, fettes Fleisch und fette Wurst, Backwaren usw.).
– Achten Sie auf Ihr Körpergewicht und das Wohlbefinden von Körper, Seele und Geist.

Die Umstellung – so beginnen wir

– Essen Sie vor jeder Mahlzeit etwas Frischkost.
– Ersetzen Sie nach und nach die Auszugsmehle (Weißmehl, Ruchmehl usw.) durch frisch gemahlenes Vollkornmehl.
– Verwenden Sie nach und nach Vollkornreis, Vollkornteigwaren und das ganze Getreide. Geben Sie z. B. einen Eßlöffel gekochtes Getreide in die Suppe oder einen Eßlöffel gequelltes oder gekeimtes Getreide in eines Ihrer Lieblingsmüsli (ohne Zuckerzusatz) aus dem Reformhaus.
– Reduzieren Sie allmählich die Menge von tierischem Eiweiß. Ersetzen Sie sie durch pflanzliches Eiweiß. Essen Sie tierisches Eiweiß nur dann, wenn Sie ein echtes Bedürfnis danach verspüren. Die Menge soll klein sein, das tierische Eiweiß von bester Qualität.
– Schränken Sie den Konsum von Zucker, Kaffee, Schwarztee und Alkohol allmählich ein.
– Bei angestrebter Gewichtsreduktion auf ‹Zwischenmahlzeiten› verzichten, dafür richtig und regelmäßig (3 Mahlzeiten) essen.
– Planen Sie zu Beginn jeder Woche 1 bis 2 Trennkosttage oder ein Wochenende ein.
– Kurbeln Sie den Kreislauf täglich einmal kräftig an. Schwitzen ist gesund.
– Verschaffen Sie sich viel Bewegung an der frischen Luft (Laufen, Radfahren, Schwimmen usw.). Auch geistige Abwechslung ist wichtig.
– Informieren Sie sich durch Literatur, Vorträge und Kochkurse über eine gesunde Ernährung.
– Überwinden Sie Ihre Vorurteile und Ängste und übernehmen Sie die Verantwortung für Ihr Wohlbefinden und Ihre Gesundheit. Es wäre jedoch falsch, von heute auf morgen alle liebgewonnenen Eß- und Lebensgewohnheiten aufzugeben.
– Laden Sie Freunde ein zu einem Essen nach den Regeln der Neuen Trennkost. Lassen Sie sich jedoch nicht entmutigen, wenn sie nicht auf Anhieb Anklang findet.

Wenn wir nach diesen Grundsätzen leben und nur so wenig wie möglich zusätzliches tierisches Eiweiß zu uns nehmen, dann können wir allmählich (wenn gewünscht) auf die strenge Trennung von tierischem Eiweiß und Kohlehydraten verzichten. Auch mit dem neuen Bewußtsein ist es immer wieder wichtig, die Mitte zu suchen und zu halten und das Extreme nur selten zu leben.

Tierisches Eiweiß

Daß in den westlichen und asiatischen Industrieländern zu viel tierisches Eiweiß konsumiert wird, ist unbestritten. Es wäre aber falsch, dieses Nahrungsmittel allein für Übergewicht – jeder dritte Mensch ist übergewichtig – und die vielen Zivilisationskrankheiten verantwortlich zu machen. Ebenso negativ sind die raffinierten Kohlehydrate (Auszugsmehle und Fabrikzucker) und Fabrikfette, die arm an lebensnotwendigen Vitalstoffen sind.

Einem gesunden, vollwertig ernährten Menschen erwachsen keine gesundheitlichen Nachteile, wenn er ab und zu ein Stückchen Fleisch ißt. Er kann dies um so beruhigter tun, wenn er es mit einer großen Portion Salat, Rohkost und Gemüse kombiniert. Aus gesundheitlicher Sicht darf vor allem der Fisch empfohlen werden.

Es gibt weder ein generelles Verbot noch eine generelle Empfehlung für tierisches Eiweiß. Es muß aber ausdrücklich darauf hingewiesen werden, daß Genuß im Übermaß langfristig zu gesundheitlichen Störungen führt. Fleisch enthält zu viel ungünstiges Fett. Das Schweinefleisch z. B., eine der meistkonsumierten Fleischsorten, enthält auf 100 g Fleisch rund 23 g verstecktes Fett. Wir essen heute in den westlichen Industrieländern achtmal mehr Fleisch als vor hundert Jahren. Für viele ist ein Mittagessen ohne ein Stück Fleisch kaum mehr vorstellbar! Dieser überbordende Fleischkonsum ist nicht nur aus gesundheitlicher, sondern auch aus ökologischer Sicht nicht mehr länger zu verantworten. Wir vergiften unsere Böden (Intensiv-Nutzung) und werden ob dieser ‹Fleischorgien› selber krank (rheumatische Erkrankungen in all ihren Formen, Allergien, Erkältungskrankheiten, geschwächtes Immunsystem usw.). Eine Ernährung, die zu einer umweltschonenden Nahrungsmittelproduktion und -verarbeitung beiträgt, belohnt uns mit gesünderen, weil schadstoffärmeren Grundnahrungsmitteln.

Selbst wenn wir ganz auf tierisches Eiweiß verzichten, kommt es bei einer vollwertigen, vitalstoffreichen Ernährung zu keinerlei Mangelerscheinungen.

Als gute Eiweißlieferanten seien Getreide und Getreideprodukte (Vollkornbrot) erwähnt, die bis zu 12% Eiweiß enthalten. Ebenso gute Eiweißlieferanten sind die Frischkost, die Nüsse und Sprossen, die Keimlinge und nicht zuletzt die Hülsenfrüchte (davon ausgenommen sind Tofu, Seitan und Tempeh, die als konzentriertres Eiweiß die gleichen Nachteile wie tierisches Eiweiß haben). Bei Kombination mehrerer pflanzlicher Eiweißprodukte in einer Mahlzeit erhält man eine äußerst günstige Eiweißversorgung von hohem biologischem Wert.

Das Argument, man brauche für den täglichen Eiweißbedarf auch die tierischen Produkte, ist haltlos. Es bereitet keine Probleme, das tägliche ‹Soll› mit pflanzlichen Produkten zu erreichen.

Nebst Fleisch und Fisch sind selbstverständlich auch Eier und Milchprodukte (Ausnahmen sind Sahne/Rahm und Butter; sie gehören aufgrund des sehr kleinen Eiweißanteils nicht der Eiweißgruppe, sondern der neutralen Gruppe an) tierische Eiweißlieferanten. Auch hier empfiehlt sich eine Reduktion. Sie belasten unseren Organismus genauso wie Fleisch und Fisch. Zu bevorzugen sind naturbelassene Produkte, d.h. aus unpasteurisierter Milch (Rohmilch) hergestellter Käse und Quark, die noch reich an fettlöslichen Vitaminen sind. Kleine Mengen Milch, Käse, Quark und Eier sind empfehlenswert. Auch sie sollen aber das pflanzliche Eiweiß nicht ersetzen, sondern lediglich ergänzen.

Frischkost

Die Frischkost ist einer der wichtigsten Faserstoff- und Vitalstofflieferanten. Ihr Anteil an der täglichen Ernährung sollte mindestens $\frac{1}{3}$ betragen. Unter Frischkost versteht man Blattsalat, ungekochtes Gemüse und Obst von bester Qualität.

Die Frischkost darf bunt und abwechslungsreich sein. In Form eines Salattellers sollte man sie stets zu Beginn einer Mahlzeit essen. Sie regt den Appetit an, sorgt aber gleichzeitig bereits für eine gewisse Sättigung (sehr wichtig, wenn man eine Gewichtsreduktion anstrebt). Die gute Kauarbeit – dies ist bei Frischkost sehr wichtig – regt die Verdauungssäfte an. Die Frischkost ist also Wegbereiterin für das, was nachher folgt.

Frisches Gemüse und frische Früchte sind die besten Lieferanten von Vitalstoffen, z. B. von Vitaminen und Mineralstoffen. Je frischer, desto vitaminreicher. Salate knackig frisch auf den Tisch bringen. Bei Lagerung besonders empfindlich ist das Vitamin C. Sehr wichtig ist, daß wir dem saisonalen Angebot Rechnung tragen. Da wir im Winter größtenteils auf Lagergemüse und Lagerfrüchte angewiesen sind, empfiehlt es sich, Verluste durch Sprossen und Keime, Samenkerne und Nüsse wettzumachen. Sie sind reich an hochwertigem Eiweiß, Vitamin A, Vitaminen der B-Gruppe, Vitamin C und E, Mineralstoffen und Enzymen. Die Frischkost immer kurz vor dem Essen zubereiten. Erst zerkleinern, wenn das Gemüse/die Früchte gewaschen sind. Zartes Gemüse nicht schälen. Das Gemüse direkt in die Sauce hobeln und sofort mischen. So ist der Vitalstoffverlust (Vitamine, Mineralstoffe, Spurenelemente, Enzyme, ungesättigte Fettsäuren, Aromastoffe) am geringsten. Grüne Bohnen und Kartoffeln immer garen, keinesfalls roh essen.

Für die Zubereitung von Frischkost öfters Zitronensaft verwenden. Neueste Studien haben gezeigt, daß das Vitamin C die Eisenaufnahme aus bestimmten pflanzlichen Mahlzeiten beträchtlich erhöht.

Das volle Korn

‹Das Korn ist in seiner geschlossenen, harmonischen Ganzheit ein natürliches Gebilde, das vielleicht die vollkommenste Nahrung ist, welche die Natur uns bieten kann› (Prof. W. Kollath). Getreideprodukte, und dazu zählen wir den Weizen, den Dinkel, den Reis, die Gerste, den Hafer, die Hirse, den Roggen, den Mais, den Buchweizen sowie die Inkagetreide Amaranth und Quinoa, nehmen in einer gesunden Ernährung eine zentrale Rolle ein. Das volle Korn enthält viele Faserstoffe (Ballaststoffe), natürliches hochwertiges Eiweiß, natürlichen Zucker, ungesättigte Fettsäuren, Mineralstoffe und Vitamine (vor allem Vitamin B). Das Vollkorngetreide spielt bei der Eiweißversorgung eine zentrale Rolle, deckt es doch rund 20% des täglichen Bedarfs. Der Ernährungswert von Weißmehl und Ruchmehl, das weder Keim noch Randschichten enthält, ist praktisch Null.

Die volle Kraft des lebendigen Korns ist vor allem im ungekochten Getreidegericht enthalten. Dies erklärt auch, weshalb das tägliche Frischkornmüsli oder der Frischkornbrei unentbehrlich sind.

Ein Frischkornbrei oder -müsli zum Frühstück garantiert einen optimalen Start in den neuen Tag. Vitamin B, das im Getreide reichlich vorhanden ist, hat eine wichtige Funktion beim Aufbau der Zellen und bei der Erneuerung des Blutes. Es stärkt zusammen mit dem Magnesium die Muskeln, kräftigt den Darm und reguliert die Darmtätigkeit. Ein Vitamin-B1-Mangel kann Auslöser von Müdigkeit, Depressionen, Kopfschmerzen, Angstzuständen, Nervosität, Hautjucken usw. sein. Das Vitamin B1 wirkt erstaunlich rasch. Leistungskurve und Blutzuckerspiegel steigen und halten sich lange auf hohem Niveau. Empfindlichen empfiehlt sich, das ungezuckerte Getränk rund 30 Minuten vor dem Essen zu nehmen.

Zusammensetzung des Frischkorngerichtes: Verzichten Sie auf Fruchtsaft (Zitronensaft ist erlaubt), Kompott, Marmelade/Konfitüre, Sirup, Zucker in irgendeiner Form, Süßstoffe, Dörrfrüchte.

Menschen, die mit Darmproblemen (chronischen Entzündungen und schweren Verdauungsstörungen) auf Getreide reagieren, leiden möglicherweise an einer Glutenallergie, die auf das Klebereiweiß zurückzuführen ist. In diesem Falle sind eine glutenfreie Ernährung und die Konsultation eines Arztes zwingend. Glutenfrei sind Mais, Vollreis, Hirse und Buchweizen sowie die Inkagetreide Amaranth und Quinoa.

Das Idealgewicht

Wir alle kennen sie, die einseitigen Modediäten, die fast grippalen Charakter annehmen können. Einmal ist es die Banane, ein andermal die Zitrone, das konzentrierte tierische Eiweiß, die geheimnisvolle Mixtur aus der Flasche usw., an die wir uns klammern, in der Hoffnung, es dieses Mal nun endlich zu schaffen. Eines haben die ‹Roßkuren› gemeinsam: bei strikter Einhaltung verlieren wir rasch an Gewicht. Die Freude ist jedoch meistens nur von kurzer Dauer. Kehren wir nach ‹erfolgreicher Kur› zu den alten, uns lieb gewordenen Eßgewohnheiten zurück, sind die überflüssigen Pfunde rasch wieder zur Stelle. Woran mag es wohl liegen? An der ungünstigen, nährstoffarmen, einseitigen, raffinierten Ernährung.

Es gibt eine Vielzahl ernährungsbedingter Krankheiten, und dazu zählt auch das Übergewicht, eine Stoffwechsel-Krankheit. Übergewicht muß nicht als unabänderliches Schicksal hingenommen werden. Anstatt uns aber mit Wunderdiäten zu quälen, nehmen wir uns Zeit, unsere Eßgewohnheiten unter die Lupe zu nehmen ... und umzustellen. Nicht die Quantität der Nahrung ist entscheidend, sondern die Qualität. Auch eine kleine Mahlzeit kann dick machen, wenn sie ungünstig zusammengestellt ist. Umgekehrt kann man mit einer scheinbar großen Mahlzeit sehr wohl schlank werden und schlank bleiben, wenn sie in ihrer Zusammensetzung stimmt. Richtige Zusammensetzung: Viel Vitalstoffe und Faserstoffe, sogenannte Ballaststoffe (Gemüse, Salate, Gerichte aus vollem Korn usw.), wenig tierisches Eiweiß (Fleisch, Fisch, Eier, Käse usw.), naturbelassene Produkte.

Die vitalstoffreiche Vollwerternährung, mit der wir Sie in diesem Buch vertraut machen, erfüllt alle diese Kriterien. Sie werden erleben, daß Sie nicht nur Pfunde verlieren, sondern das angestrebte Gewicht auch mühelos halten können: ohne Kalorientabelle und Diätwaage. Zwar sind die Prinzipien einer vitalstoffreichen Ernährung einfach in die Praxis umzusetzen, dennoch ist eine langsame Umstellung von Vorteil. Es geht ja nicht nur um den Austausch von Nahrungsmitteln, der Organismus muß sich auch an die neue Kost gewöhnen können. Die Beziehung zur Ernährung wird sich im positiven Sinne ändern. Die Vollwertkost wird vom Körper langsam aufgenommen. Entsprechend lang ist auch die Sättigung. Heißhunger-Attacken, wie sie u. a. nach dem Genuß von raffinierten Zuckerwaren auftreten, gehören der Vergangenheit an. Setzen Sie sich beim Abnehmen nicht unter Zeitdruck. Ihre Gesundheit hat Priorität. Die vollwertige Ernährung schenkt Ihnen Vitalität und wird Sie anspornen, aktiv zu werden. Auch das ist wichtig, wenn wir das Idealgewicht anstreben. Lassen Sie sich nicht entmutigen, wenn der Zeiger auf der Waage nur langsam nach unten geht. Hält man sich an die Spielregeln, wird der Erfolg nicht ausbleiben. Was viele Menschen dank vollwertiger, tiereiweißarmer Ernährung erreicht haben, nämlich die bleibende Reduktion des Körpergewichtes bei bester Gesundheit, werden auch Sie schaffen. Die oft gestellte Frage, wieviel man essen dürfe, wenn man eine Gewichtsreduktion anstrebt, ist pauschal nicht zu beantworten. Körperbau, körper-

liche und sportliche Betätigung, Alter, Geschlecht, Verwertung der Nahrung usw. spielen eine Rolle. Wichtig ist, daß wir nur essen, wenn wir Hunger verspüren. Sobald sich unser Organismus an die neue Ernährungsform gewöhnt hat, wird man automatisch weniger essen, da bei vollwertiger, ballaststoffreicher Ernährung rascher eine Sättigung eintritt. Wichtig ist, daß wir uns auf drei Mahlzeiten pro Tag beschränken und auf Zwischenmahlzeiten verzichten. Wer eine rasche Gewichtsreduktion anstrebt, nehme am Abend nur Frischkost und Kräutertee. Je höher der Frischkostanteil, desto rascher die Gewichtsreduktion.

Bei einer vollwertigen Ernährung wird der Körper mit allen lebensnotwendigen Nahrungsinhaltsstoffen und Vitalstoffen versorgt. Es handelt sich um eine Ernährungsform, die in jeder Beziehung ‹ausbalanciert› ist. Entgegen der weitverbreiteten Regel darf die ‹lebendige› Fettzufuhr (hochwertige Öle, Butter, Sahne/Rahm) unter keinen Umständen eingeschränkt werden. Für Fettsüchtige ist die rigorose Einschränkung von naturbelassenen Fetten sogar im höchsten Grade gesundheitsgefährdend. Der ohnehin schon angeschlagene Stoffwechsel kann völlig entgleisen. Er wird sich bei vollwertiger vitalstoffreicher Ernährung von selbst langsam erholen und wieder in der Lage sein, das konsumierte Fett so umzusetzen, daß es nicht zu Fettpolstern kommt. Vertrauen Sie Ihrem Körper!

Spielregeln

Gruppe 1	Gruppe 2	Gruppe 3	Gruppe 4
Komplexe Kohlehydrate	**Pflanzliches Eiweiß (Konzentrate)**	**Tierisches Eiweiß**	**Neutrale Produkte**
– Vollkorngetreide – Vollkornmehl – Vollkornreis – Vollkornteigwaren – Vollkornbrot – Vollkorn-Knäckebrot – Vollkorn-Crackers – Vollkorngebäck – Kartoffeln – Hülsenfrüchte – Dörrobst – Honig	– Sojamilch, Tofu – Seitan, Tempeh	– Geflügel – Kaninchen – Kalb- und Rindfleisch – Lammfleisch, Wildfleisch – Fisch – Eier – Vollmilch, Sauermilch – Joghurt nature – Quark, Käse	– alle Blattsalate – alles rohe Gemüse – alles gegarte Gemüse – alle Sprossen und Keimlinge – Ölsamen: Sesamsamen, Sonnenblumenkerne usw. – Nüsse: Walnüsse/Baumnüsse, Haselnüsse, Cashewnüsse usw. – alle Früchte (Ausnahme Dörrfrüchte) – pflanzliches Öl zum Kochen – alle kaltgepreßten Öle (für Frischkost) – Reform-Margarine und Reform-Pflanzenfett – Butter – Sahne/Rahm – Crème double/Doppelrahm – Saure Sahne/Crème fraîche/Sauerrahm (35 – 40% Fettgehalt)
Kombinationen – kombinierbar mit Gruppe 4 – die Produkte der Gruppe 1 sind untereinander kombinierbar: Vollkornreis und Hülsenfrüchte Vollkornteigwaren und Kartoffeln Dörrobst und Vollkorngetreide – kombinierbar mit Gruppe 2: Vollkornreis und Tofu Kartoffeln und Seitan/Tempeh Hirse und Sojamilch	**Kombinationen** – kombinierbar mit Gruppe 1 – kombinierbar mit Gruppe 4 – nur eine Sorte konzentriertes pflanzliches Eiweiß pro Mahlzeit, also z. B. Tofu oder Seitan Höchstmengen beachten	**Kombinationen** – kombinierbar mit Gruppe 4 zusätzlich beachten: – Sonnenblumenkerne, Sesamsamen usw. in kleinen Mengen – Nüsse in kleinen Mengen – Öl, Reform-Pflanzenfett und Reform-Margarine zum Kochen – auf Butter, Sahne/Rahm, Crème double/Doppelrahm in größeren Mengen verzichten. Trennkostregel: Nur ein tierisches Nahrungsmittel pro Mahlzeit in größerer Menge – nur eine Sorte tierisches Eiweiß pro Mahlzeit, also Fleisch oder Fisch oder Käse oder Eier. Höchstmengen beachten	**Kombinationen:** – kombinierbar mit Gruppe 1 – kombinierbar mit Gruppe 2 – kombinierbar mit Gruppe 3 (Ausnahme: siehe zweitletzten Punkt Gruppe 3 (Butter, Sahne/Rahm usw.)

Höchstmengen: Gruppen 2 und 3

Höchstmengen tierisches Eiweiß (Gruppe 3) und konzentriertes pflanzliches Eiweiß (Gruppe 2) pro Woche

Tierisches Eiweiß

120 – 150 g Geflügel oder Kaninchen (Rohgewicht + 50 g für Knochen)
120 – 150 g Kalb-, Rind-, Lamm- oder Wildfleisch (Rohgewicht + 50 g für Knochen)
150 – 200 g Fisch/Meeresfrüchte (Rohgewicht + 50 g für Gräte/Haut)
1 – 2 Eier
300 ml/3 dl – 1400 ml/14 dl Vollmilch oder angesäuerte Milchprodukte*
120 g Vollfettkäse oder Vollmilchquark

Konzentriertes pflanzliches Eiweiß

120 g Tofu**
120 g Seitan oder Tempeh**
300 ml/3 dl Sojamilch

* Die Menge ist abhängig von Alter, Konstitution, Stoffwechsel, Schwangerschaft, Stillzeit und individuellen Bedürfnissen. 200 ml/2 dl Vollmilch entsprechen 180 g Joghurt nature oder angesäuerten Milchprodukten. Frische Molke ist ein Teilprodukt und darf ab und zu (wenn man Quark selber herstellt) als Frühstücksgetränk getrunken werden. Mandelmilch, Nußmilch und Hafermilch dürfen ohne Einschränkung konsumiert werden.

** Diese Produkte (gilt selbstverständlich nicht für die Ausgangsprodukte, also die Sojabohne und die Getreidekörner) haben in großen Mengen genossen die gleichen Nachteile wie tierisches Eiweiß.

Vollwertküche: Naturnah und gesund

Die Vollwertkost ist:
– bekömmlich und leicht verdaulich
– von hohem kulinarischem Wert
– abwechslungsreich
– leicht zuzubereiten
– für Menschen jeden Alters
– ökologisch sinnvoll
– sozial
– preiswert

Die Vollwertkost enthält alle lebensnotwendigen Nahrungsinhaltsstoffe:
– Eiweiß
– Fett
– Kohlehydrate
– Vitalstoffe (lebensnotwendige Stoffe)

Die Vollwertkost schenkt uns:
– Wohlbefinden
– Gesundheit
– Leistungsstärke physischer und psychischer Natur
– Abwehrkräfte (intaktes Immunsystem)

Die Vollwertkost hilft uns bei:
– Stoffwechselstörungen, z.B. bei angestrebter Gewichtsreduktion

Die Vollwertkost schützt vor:
– Gefäß-, Kreislauf- und Herzerkrankungen
– Leber-, Gallen-, Magen- und Darmerkrankungen, Verstopfung
– Gebißschäden
– Erkrankungen des Bewegungsapparates (Arthrose, Arthritis, Wirbelsäulenschäden)
– Stoffwechselkrankheiten

Zu den pflanzlichen Lebensmitteln zählen:
– Getreide und Vollreis (Kohlehydrate)
– Gemüse (neutral)
– Blattsalate (neutral)
– Kartoffeln (Kohlehydrate)
– Hülsenfrüchte (Kohlehydrate)
– frische Früchte (neutral)
– getrocknete Früchte (Kohlehydrate)
– Nüsse und Samen (neutral)

Zu den tierischen Nahrungsmitteln zählen:
– Fleisch, Wild und Geflügel (tierisches Eiweiß)
– Fisch und Meeresfrüchte (tierisches Eiweiß)
– Milch und Milchprodukte inkl. Käse (tierisches Eiweiß)
– Sahne/Rahm, Crème double/Doppelrahm, saure Sahne/Sauerrahm mit einem Fettanteil von 35% (neutral)
– Eier (tierisches Eiweiß)

Vollwertkost heißt:

1. vorwiegend pflanzliche Lebensmittel
2. viel Frischkost
3. Vollkornprodukte
4. gute Öle und Fette: kaltgepreßte Öle, Reform-Margarine, Reform-Pflanzenfett, Nüsse, Ölsamen, Butter, Sahne/Rahm
5. natürliche Süßmittel (Früchte und Honig)

Die Ernährung sollte zu mindestens einem Drittel aus Frischkost bestehen.

Empfehlenswert sind:
1. Frischkornmüsli aus unerhitztem Vollgetreide
2. frisches Gemüse (roh), Blattsalat und Obst, möglichst vielseitig, davon $2/3$ Gemüse und $1/3$ Obst
3. Speisen aus erhitztem Vollgetreide (Dinkel, Weizen, Gerste, Roggen, Reis usw.)
4. Produkte aus dem vollen Korn (Grieß, Nudeln, Gebäck usw.)
5. Vollkornbrot
6. gegartes Gemüse und gegarte Kartoffeln
7. Hülsenfrüchte
8. kaltgepreßte Öle
9. Butter, Sahne/Rahm, Crème double/Doppelrahm, saure Sahne/Sauerrahm (mindestens 35% Fett), Reform-Margarine und Reform-Pflanzenfett mit einem möglichst hohen Anteil an kaltgepreßten Ölen)
10. Nüsse, Ölsamen
11. kaltgeschleuderter Honig (sparsam)

Weniger empfehlenswert:
– Produkte aus Auszugsmehlen (Weiß- und Ruchmehl usw.) und daraus hergestellte Produkte
– Fabrikzuckerarten sowie daraus hergestellte Produkte
– Fabrikfette (raffinierte Öle, raffinierte Margarine)
– Fruchtsäfte und gekochtes Obst bei Empfindlichkeit im Magen-Darm-Bereich

Das richtige Maß finden
– Lieber eine Möhre/Karotte und einen Apfel zwischendurch essen, als aus Zeitmangel auf die Frischkost (Salatteller) zu verzichten.
– Lieber gekauftes Vollkornbrot, wenn die Zeit zum Selberbacken nicht reicht, als ganz auf Vollkornbrot zu verzichten.
– Wenn die Butter zum Frühstück nicht rasch genug streichfähig ist, dann lieber Margarine aus dem Reformhaus als aus dem Supermarkt.
– Lieber tiefgefrorenes Gemüse als gar kein Gemüse.
– Lieber Hülsenfrüchte aus der Dose als gar keine Hülsenfrüchte.
– Lieber ein paar gekeimte Getreidekörner essen, als ganz auf rohes Getreide (Frischkornbrei) zu verzichten.
– Lieber Vollkorngebäck mit Vollrohrzucker (sparsam) als Gebäck aus Auszugsmehlen und Fabrikzucker.
– Zu Beginn lieber gesiebtes Vollkornmehl (frisch gemahlen) als gar kein Vollkornmehl.
– Lieber wenig geriebenen Käse zu den Vollkornteigwaren als gar keine Vollkornteigwaren.
– Lieber 100 g Fleisch als 5 Teller Getreide.
– Lieber ein wenig Fleisch essen, als ständig an Fleisch zu denken.
– Lieber kaltgepreßtes Öl im Supermarkt kaufen, als 10 km zum nächsten Reformhaus zu fahren.
– Lieber in kleinen Schritten beginnen und dafür dabei bleiben.
– Lieber bloß ein- bis zweimal wöchentlich auf tierisches Eiweiß verzichten, als sich und die ganze Familie zu vegetarischer Ernährung zu zwingen.
– Lieber einmal am Tisch ein Auge zudrücken, dafür glücklich und zufrieden sein. Keinesfalls beide Augen zudrücken!
– Das Wichtigste ist, daß Sie beginnen.

Der Vorratsschrank

– Salat und Gemüse, frische Kräuter, Saisonfrüchte, nach Möglichkeit aus biologischem
 Anbau

– Zwiebeln, Schalotten, Knoblauch

– je 1 Paket Getreidekörner: Weizen, Roggen, Dinkel, Gerste, Hafer, Hirse, Buchweizen, Vollkornreis, Mais, Grünkern, Vollkorngrieß, feine Hafer-
 flocken, Amaranth, Quinoa

– 2 bis 3 Sorten Teigwaren ohne Eier

– Kartoffeln

– verschiedene Ölsamen: z. B. Sesamsamen, Leinsamen, Sonnenblumenkerne, Kürbiskerne

– verschiedene Samen/Bohnen zum Keimen:
 Alfalfa, Kresse, Mungobohnen, Rettich usw.

– verschiedene Hülsenfrüchte: z. B. Linsen, weiße
 Bohnen, Kichererbsen, Sojamehl (vollfett) usw.

– verschiedene Nüsse: z. B. Haselnüsse, Wal-
 nüsse/Baumnüsse, Mandeln, Cashewnüsse,
 Pinienkerne

– verschiedene Trockenfrüchte: z. B. Weinbeeren,
 Datteln, Feigen, Pflaumen usw., ungeschwefelt

– Würzmittel: Trockenkräuter und Gewürze, Voll-
 meersalz, Kräutermeersalz, Senf, Gemüsebrühepulver (siehe Produkteinformation), Shoyu,
 Kapern, Miso, Hefeflocken, Gemüsebrühe/-bouil-
 lon auf Hefebasis, vegetarische Kräuterpaste,
 verschiedene Essigsorten, Öl zum Braten und
 Garen, Oliven

– kaltgepreßte Öle, z. B. Olivenöl, Sonnenblumenöl,
 Distelöl, Walnuß-/Baumnußöl, Leinsamenöl usw.

– zum Fritieren raffiniertes Maiskeimöl

– zum Backen: Backhefe, Weinsteinbackpulver,
 Agar-Agar, Pfeilwurzelmehl, Kakao oder Carob-
 pulver, Vanillepulver, Vanillestangen, Vanillezuk-
 ker aus dem Reformhaus, Zimt

– zum Süßen: verschiedene unerhitzte Honigsorten
 bester Qualität, z. B. Akazienhonig, Auslesehonig,
 als Ersatz zum Backen billigeren Blütenhonig
 (für Diabetiker Süßstoff)

– frische, wenn möglich unpasteurisierte Butter,
 Koch- und Bratbutter, Sahne/Rahm, Crème dou-
 ble/Doppelrahm, saure Sahne/Crème fraîche/
 Sauerrahm (35 bis 40% Fett). Pflanzenfett und
 Pflanzenmargarine aus dem Reformhaus.

– Tofu, Seitan, Tempeh, Sojamilch (fakultativ)

– Freilandeier (fakultativ)

– Vollmilch, Rohmilchkäse, Quark, Sauermilch oder
 Vollmilchjoghurt (fakultativ)

– Fleisch oder Geflügel von bester Qualität, wenn
 möglich vom Biohof (fakultativ)

– zum Trinken: verschiedene Sorten Früchte- und
 Kräutertees, Getreidekaffee, Mineralwasser, Bio-
 wein (fakultativ)

– nach Möglichkeit eine kleine Getreidemühle,
 anfangs genügt eine kleine Kaffeemühle

– im Tiefkühler: Vollkornblätterteig, Vollkornbaguette, -brot und -brötchen, selbstgebackene
 Kuchen/Wähen, selbstgebackenes Kleingebäck;
 diverse Gemüse, z. B. Spinat, Broccoli, Erbsen;
 Früchte, z. B. Beeren, Zwetschgen, Aprikosen;
 Kräuter; Fisch (fakultativ), Fleisch/Geflügel
 (fakultativ); Butter; selbstgemachtes Eis

Der Start zur schlanken Linie

Nachfolgender Ernährungsplan für 7 Tage ist so etwas wie eine Intensivwoche. Sie empfiehlt sich als Einstiegswoche in die Neue-Trennkost-Ernährung, aber auch für zwischendurch, wenn der Zeiger der Waage 1,5 kg und mehr über der normalen Marke liegt.

Der Tag im Überblick (für alle 7 Tage gültig)
keine Zwischenmahlzeiten

Frühstück

Kohlehyratmahlzeit – mit Frischkornbrei
50 g Getreide, geschrotet oder gequetscht (Weizen, Roggen, Hafer, Kruska)
150 g Äpfel samt Schale, geraspelt
1 KL Nüsse oder Ölsamen
1 EL Sahne/Rahm
Tee oder Kaffee, nach Belieben mit wenig Sahne/Rahm

oder
Mahlzeit mit tierischem Eiweiß – mit Milchprodukten
1 Becher Vollmilchjoghurt oder Sauermilch oder 150 ml/1,5 dl Vollmilch
1 EL Leinsamen/Sesamsamen/Kürbis- oder Sonnenblumenkerne
1 Frucht
Tee oder Kaffee, nach Belieben mit wenig Sahne/Rahm

oder
Kohlehydratmahlzeit – mit Brot
60 g Vollkornbrot
1 KL Butter
$\frac{1}{2}$ KL Honig
1 Frucht, nach Belieben
Tee oder Kaffee, nach Belieben mit wenig Sahne/Rahm

oder
Neutrale Mahlzeit – mit Früchten
300 g Obst oder Beeren oder daraus hergestellter unerhitzter Saft, eventuell mit Gemüse gemischt, oder 50 g Dörrobst
1 EL Leinsamen/Sesamsamen/Kürbis- oder Sonnenblumenkerne
Tee oder Kaffee, nach Belieben mit wenig Sahne/Rahm

Mittag- und/oder Abendessen

Mahlzeit mit tierischem Eiweiß – Fleisch oder Fisch oder Käse oder Ei
1 EL kaltgepreßtes Öl für die Frischkost
1 Portion Frischkost, so bunt wie möglich. Zusätzlich Sprossen oder Keimlinge. Die Regel, daß $\frac{1}{3}$ der täglichen Ernährung aus Frischkost bestehen soll, gilt während dieser Woche ganz speziell.
1 Portion tierisches Eiweiß (Fleisch oder Fisch oder Käse oder Ei, siehe Tabelle)
1 Portion gedämpftes Gemüse
1 Frucht
1 TL Öl oder Reform-Margarine oder Reform-Pflanzenfett zum Kochen/Braten

oder
Mahlzeit mit Kohlehydraten – Brot
1 Salatrezept nach Wunsch (siehe Rezepte).
Davon so viel essen, bis man satt ist.
40 g Vollkornbrot
(Männer und Jugendliche 80 g)
1 Frucht

oder
Mahlzeit mit Kohlehydraten – Nudeln, Reis, Kartoffeln, Hülsenfrüchte usw.
1 Portion Frischkost
1 EL kaltgepreßtes Öl für die Frischkost
200–250 g (Männer und Jugendliche 300 g) gekochte Nudeln, Reis, Kartoffeln (siehe Rezepte)
1 Portion gedämpftes Gemüse
1 Frucht

oder
Mahlzeit mit Kohlehydraten und konzentriertem pflanzlichem Eiweiß
1 EL kaltgepreßtes Öl für die Frischkost
1 Portion Frischkost
50 g rohes Getreide. Entspricht 160 g gekochtem Getreide oder 80 g Vollkornbrot oder 300 g Kartoffeln
120 g Tofu oder Seitan oder Tempeh oder Sojamilch
1 Portion gedämpftes Gemüse
1 Frucht
1 TL Öl oder Butter zum Kochen

oder
Mahlzeit mit Kohlehydraten und Hülsenfrüchten
1 EL kaltgepreßtes Öl für die Frischkost
1 Portion Frischkost
50 g rohes Getreide. Entspricht 160 g gekochtem Getreide oder 80 g Vollkornbrot oder 300 g Kartoffeln
25 g rohe Hülsenfrüchte. Entspricht 80 g gekochten Hülsenfrüchten
1 Portion gedämpftes Gemüse
1 Frucht
1 TL Öl oder Butter zum Kochen

Männer und Jugendliche
Je nach Hunger 1 bis 2 Portionen Kohlehydrate (Getreide, Vollkornbrot, Kartoffeln) mehr. Früchte bis 3 Stück mehr täglich.

Zusätzlich
2mal je 100 ml/1 dl Wein von guter Qualität.

Süßspeisen
Auf eine Nachspeise sollte während der Intensivwoche verzichtet werden, sofern sie nicht aus frischen Früchten besteht.

Flüssigkeit
Genügend Flüssigkeit in Form von Wasser und Kräuter- und Früchtetee trinken, am besten zwischen den Mahlzeiten.

Positive Gedanken sind eine gute Starthilfe.
– Lassen Sie Waage und Spiegel nicht zum beherrschenden Mittelpunkt Ihres Lebens werden.
– Seien Sie lieb zu sich, verwöhnen Sie sich.
– Individuelle Gymnastik und Bewegung ist gesund.
– Eine gesunde, vernünftige und kluge Lebensweise vermag vieles zu erreichen.
– Beobachten Sie sich, ohne zu bewerten.

Die goldenen Regeln der Neuen Trennkost

Neue Theorien, neue Wege, neue Gerichte ausprobieren. Üben, üben...

Stimmen Theorie und Rezepte mit Ihrem momentanen Gefühl nicht überein, seien Sie offen für Korrekturen.

Die Entscheidung liegt bei Ihnen. Wenn Sie nach etwas Knusprigem Lust haben, steht dem nichts im Wege. Es kann Brot, fritierter Seitan oder Fleisch sein.

Entschuldigen Sie sich nicht für Ihre Bedürfnisse. Tolerieren Sie aber genauso die Bedürfnisse anderer, sei es in der Familie, am Arbeitsplatz usw.

Sie sollen sich gut fühlen. Wenn Ihre Umgebung und Ihre Familie dabei keinen Schaden nehmen, ist dagegen nichts einzuwenden.

Trinken Sie nur, wenn Sie durstig sind. Essen Sie nur, wenn Sie hungrig sind.

Verpflegen Sie die Kinder öfters mit rohem Gemüse und frischen Früchten. Aber ohne Druck. Seien Sie in der Umstellungsphase tolerant.

Überprüfen Sie öfters, ob liebgewordene Gewohnheiten immer noch der momentanen Situation entsprechen. Wenn nicht, ändern Sie sie.

Bleiben Sie flexibel. Was heute ist, muß morgen nicht mehr sein.

Äußern Sie Ihre kulinarischen Wünsche. Vielleicht bekommen Sie heute und jetzt nicht das, was Ihnen vorschwebt. Wichtig ist, es versucht zu haben.

Seien Sie offen für kulinarisch Neues. Wagen Sie, unbekannte Wege zu gehen. Fassen Sie sich ein Herz, Speisen zu kochen und zu essen, die Sie sich bisher nicht zugemutet haben.

Wagen Sie den ersten Schritt in die kulinarische Freiheit. Erweitern Sie den kulinarischen Horizont. Sie haben nichts zu verlieren, nur alles zu gewinnen.

Das Abc der gesunden Ernährung

Abnehmen: Mit der Neuen Trennkost kann man Gewicht verlieren und Fett abbauen, ohne daß die Muskelsubstanz darunter leidet. Ein gutes Argument auch für Leistungssportler, sich so zu ernähren. Das mühsame Errechnen von Kalorien/Joule entfällt. Die Haut wird straffer und reiner. Der Körper scheidet überschüssiges Wasser aus.

Allergie: Überreaktion des Organismus auf bestimmte Stoffe. Typische Allergieauslöser sind z. B. Kuhmilch, Hühnereiweiß, Getreideeiweiß (Gluten), bestimmte Früchte wie Erdbeeren. Die beste Behandlung besteht im Verzicht auf die allergieauslösenden Stoffe. Der Spezialarzt kann die Unverträglichkeit durch einen Test feststellen.

Atmosphäre: Ein hübsch gedeckter Tisch, Blumen und Kerzen sorgen für die richtige Stimmung. Bei anregender Konversation ißt man langsamer und mit Genuß.

Berufstätige: Selbst Berufstätige, die mittags in der Kantine oder im Restaurant essen, können nach der Neuen Trennkost leben. Man denke daran: Nicht die Kalorien sind entscheidend, sondern die Art und die Qualität der Speisen und Lebensmittel.

Bioprodukte werden ohne Kunstdünger und Schädlingsbekämpfungsmittel gezogen. Ganz frei von Schadstoffen sind auch die Bioprodukte nicht, da Wasser und Luft genauso belastet sind wie viele Böden. Der Fremdstoffanteil ist aber in jedem Falle sehr niedrig. Saisongemüse aus Freilandkul-

turen hat die niedrigsten Nitratwerte. Treibhausgemüse sollte aus diesem Grunde gemieden werden. Das Biogemüse weist höhere Werte an Vitalstoffen wie z. B. Vitaminen und Mineralstoffen auf als Gemüse aus konventionellem Anbau. Deklarierung auf der Verpackung beachten.

Blähungen sind lästig, doch nicht ungesund. Langsam auf die neue Kost umsteigen und vor allem gut kauen und einspeicheln.

Cholesterin ist eine lebenswichtige Substanz, die der Körper selber produzieren kann. Mit der Nahrung nehmen wir Cholesterin ausschließlich durch den Verzehr von tierischem Eiweiß auf. Erhöhte Cholesterinwerte können verschiedene Ursachen haben. Im Vordergrund steht selbstverständlich das tierische Eiweiß, das in diesem Falle reduziert werden muß. Einzige Ausnahme: fettarmer Fisch.

Dämpfen, dünsten: Ideale Garmethode für Gemüse und Kartoffeln. Wenig Wasser (50 ml/0,5 dl) für den Dampfhaushalt in den Kochtopf geben. Das ‹Wasserbad› ist nicht zu empfehlen, sind doch Vitamine und Mineralstoffe teilweise wasserlöslich. Zudem leidet das Aroma. Gemüse immer bißfest kochen. Kochflüssigkeit nicht weggießen, sondern mitverwenden.

Darren: Rösten/trocknen von Samen und Getreidekörnern im Backofen bei niedriger Temperatur oder in einem trockenen Kochtopf auf der Herdplatte. So lange rösten, bis das Darrgut zu duften anfängt.

Diäten: Roßkuren sind selten von dauerhaftem Erfolg. Eine ärztlich verordnete Diät, z. B. bei Diabetes, ist selbstverständlich zu befolgen. Es gibt weder ein Wundermittel noch eine Spezialdiät, welche bei großem Übergewicht Pfunde auf Nimmerwiedersehen verschwinden läßt. Am wichtigsten ist, das Eß- und Ernährungsverhalten zu ändern.

Dickmacher: Sind Getreide, Kartoffeln, Vollkornbrot, Butter, Sahne/Rahm, kaltgepreßte Öle und Nüsse Dickmacher? Nein. Sie sind reich an wertvollen Inhaltsstoffen und für gutes Funktionieren unseres Organismus unerläßlich. Dickmacher sind denaturierte Produkte wie Weißmehl, weißer Reis, Fabrikzucker oder ein Zuviel an tierischem Eiweiß.

Einladung: Wenn Sie zu einem liebevoll zubereiteten Essen eingeladen sind, wird sich die Gastge-

berin nicht freuen, wenn Sie Ihr Vollkornbrot aus-
packen und den ganzen Abend einen Vortrag über
gesunde Ernährung halten. Solches Verhalten
würde zwangsläufig in eine soziale Isolation führen, und das wollen wir vermeiden. Freuen Sie
sich, essen Sie mit Dankbarkeit. Vergessen Sie
nicht, daß Sie mit netten Menschen am Tisch sitzen und gemeinsam essen. Diese Gemeinsamkeit
ist in diesem Moment wertvoller als das, was auf
dem Teller liegt. Allein diese Rücksicht wird Ihnen
helfen, alles gut zu verdauen. Auch eine Nachspeise mit Fabrikzucker zum Abschluß des Fest-
essens dürfen Sie getrost genießen.

Eiweiß: Wichtiger Zellaufbaustoff. Eiweiß ist auch
ein Energielieferant und hilft bei der Bildung von
Abwehrstoffen gegen Infektionen. Ein hoher
Eiweißkonsum (vor allem tierisches Eiweiß) ist
aber nicht nur unnötig, er ist sogar mitverantwortlich für die Entstehung bestimmter ernährungsbedingter Zivilisationskrankheiten.

Eiweiß, pflanzliches und tierisches: Nicht im
Übermaß essen. Was zählt, ist Ausgewogenheit.
Neue Studien belegen, daß sich zwei pflanzliche
Eiweißprodukte von eher durchschnittlichem Wert
zu einem hochwertigen Eiweiß ergänzen können,
vergleichbar mit dem Hühnereiweiß.
Vorkommen pflanzliches Eiweiß: Hülsenfrüchte,
Nüsse, Ölsamen, Vollgetreide, Kartoffeln, in kleinen
Mengen in Frischkost, Gemüse und Früchten. Eine
gute Kombination sind Vollgetreide und Hülsen-
früchte, vergleichbar mit dem tierischen Eiweiß,
das in Milch und Milchprodukten, Eiern, Fleisch,
Fisch und Geflügel enthalten ist.

Eiweißmangel: Der Eiweißbedarf kann bei vollwertiger Ernährung problemlos mit rein pflanzlichen
Lebensmitteln in guter Kombination gedeckt werden. Eiweißmangel ist in unseren Breitengraden
fast ein Fremdwort.

Fabrikzucker: Leere Kalorien. Enthält konzentrierte
Energie, welche dem Organismus in anderer Form
zugeführt werden kann. Zucker ist ein Genußmittel,
das weder Vital- noch Faserstoffe enthält. Raffi-
nierter Zucker geht rasch ins Blut über: er wirkt
schnell, wird rasch abgebaut und sättigt nicht.
Genießen Sie ihn ab und zu ohne schlechtes
Gewissen, aber nur in kleinen Mengen.

Fastfood: Bei Jugendlichen sind psychologische
Momente wie Gruppengefühl, Abgrenzung gegen-
über der Familie und traditionellen Mahlzeiten oft
wichtiger als eine gesunde Ernährung. Diese Ent-
wicklungsphase läßt sich leider fast nicht umgehen. Mit der Zeit müssen die Jugendlichen lernen,
mitverantwortlich zu entscheiden, auch bezüglich
Ernährung. Elterliche Geduld während der ‹Anpas-
sungszeit› ist ratsam. Je entspannter die Atmosphäre ist, desto schneller findet der Jugendliche
den richtigen Weg. Zu Hause oder als Zwischen-
mahlzeit Früchte, Frischkost, Vollkornbrot, ein gutes
Frühstück anbieten, Mineralwasser anstelle von
gesüßten Getränken. Süßes nur restriktiv konsumieren. Zu bevorzugen sind Fastfood-Betriebe mit
Vollwert-Angebot.

Fett, gesättigt: Wenig hartes Fett von Rind, Wild
und Lamm verzehren, dafür mehr Fisch und Geflügel, die weniger gesättigte Fette enthalten. Kokos-
fett, Palmöl und -fett, Schmelzkäse, harte Koch-
fette sind reich an gesättigten Fetten und deshalb
weniger empfehlenswert.

Fettbedarf: Variiert je nach Tätigkeit, körperlicher
Konstitution, Klima usw. Zu wenig Fett kann unter
Umständen zu einem Mangel an essentiellen Fettsäuren führen. Lebloses Haar sowie rauhe, trok-
kene Haut usw. können die Folge sein.

Fette: Energielieferanten und Träger der fettlöslichen Vitamine. Sie helfen dem Körper, Eiweiß und
Kohlehydrate optimal zu verwerten. Es gibt pflanzliche und tierische Fette. Gesättigte Fette bleiben
bei Zimmertemperatur fest. Diese sind eigentlich
schon ‹satt›, sie gehen keine weiteren Verbindungen ein, es kommt zu keiner chemischen Reaktion.
Man geht davon aus, daß die gesättigten Fette
belastend sind für Kreislauf, Cholesterinspiegel,
Stoffwechsel und Energiehaushalt.
Ungesättigte Fette sind noch lebendig, es sind
aktive Fettsäuren. Sie verhalten sich bezüglich
Blutfettspiegel neutral. Olivenöl ist ein ganz prakti-
sches Beispiel. In Italien, der Heimat des Olivenöls,
sind Herzkrankheiten viel seltener als bei uns.
Ungesättigte Fettsäuren gehen im Körper mit
Eiweißstoffen sinnvolle Verbindungen ein. Sie sind
für einen guten Stoffwechsel mitverantwortlich.
Mehrfach ungesättigte Fettsäuren sind bei Zimmertemperatur flüssig. Pflanzenöl, z. B. Sonnenblu-
men-, Mais- oder Sojaöl, soll den Blutfettspiegel
senken. Empfehlenswert sind alle ungesättigten

und mehrfach ungesättigten Fettsäuren, enthalten in kaltgepreßten Ölen, Butter, Sahne/Rahm, Avocados, Nüssen und Samen.

Nicht die Butter oder die Sahne/der Rahm, welche die Sauce verfeinern, sind für einen zu hohen Fettkonsum verantwortlich. Gefahr lauert in Produkten mit versteckten Fetten wie Wurst, fettem Fleisch, Käse, Nachspeisen, Kleingebäck usw. Wir essen vor allem viel minderwertiges Fett.

Fettlösliche Vitamine A, D, E und K. Wie ihr Name sagt, sind diese Vitamine nur in Fett löslich und können erst in dieser Form vom Körper verwertet werden.

Fettverzehr: Eine fettreiche Mahlzeit, z. B. Lasagne, sollte mit einer großen Schüssel Salat (Sauce mit kaltgepreßtem Öl) und mit gedämpftem Gemüse ausgeglichen werden. Zudem sollte das Frühstück fettarm sein, z. B. ein Frischkornbrei. Auf eine fettreiche Mahlzeit sollte keine fettreiche Nachspeise folgen, sondern Früchte.

Folsäure enthalten Hefeflocken, Weizenkeime, Spinat, Geflügel, Kabeljau, Eier. Ein Mangel kann zu Blutarmut führen.

Fritieren: Mit raffiniertem Maiskeimöl oder evtl. mit Bratbutter. Das Öl nach Gebrauch filtrieren. Öl/Butter höchstens 2- bis 3mal verwenden.

Früchte: Die Randschichten und die Schale z. B. des Apfels enthalten biologische Wirkstoffe, die der Leber beim Entgiften von Schadstoffen aus der Luft und aus dem Wasser helfen. Früchte immer gut waschen.

Gesunde Süßigkeiten gibt es nicht! Gewöhnen Sie sich schrittweise an weniger Süßes. Essen Sie mehr Vollkornprodukte, Gemüse und Früchte. Doch ab und zu genießen, das heißt ein sparsamer Umgang mit Süßigkeiten, schadet niemandem.

Gesundheitsapostel: Fanatiker mit hängenden Mundwinkeln, die kennt die Neue Trennkost nicht. Ihr Markenzeichen sind lächelnde, fröhliche, aufgestellte Menschen, die gerne etwas mehr Zeit aufwenden für die gesunde Ernährung und die bereit sind, auf den Erfolg etwas länger zu warten. Essen und Trinken hält Leib und Seele zusammen. Der neuen Ernährungsweise liegt diese alte Volksweisheit zugrunde.

Gesundheitsberater sollen weder Arzt noch Angehörige von Heil- und Pflegeberufen ersetzen. Sie können aber deren Arbeit ergänzen, weil sie in grundlegenden Fragen der Ernährung und auf anderen Gebieten, die unser Leben bestimmen, modern und zukunftsorientiert ausgebildet sind.

Getreide, frisch gemahlen: Alle Vitalstoffe befinden sich im Keim und in den Randschichten. Sie sind teils hochempfindlich gegen Wärme, Licht und Luft und werden rasch ranzig. Gemahlenes Vollgetreide ist nur sehr beschränkt lagerfähig. Lassen Sie sich das Getreide im Reformhaus frisch mahlen oder schaffen Sie sich eine Getreidemühle an. Für den Frischkornbrei genügt eine ungebrauchte Kaffeemühle. Immer nur so viel Körner mahlen, wie man gerade braucht.

Getreidemotten: In der warmen Jahreszeit kann das Getreide ‹lebendig› werden. Die Körner brauchen deshalb nicht weggeworfen zu werden. Auf einem Blech ausbreiten und an die Sonne stellen. Die Parasiten verziehen sich in kürzester Zeit.

Getreidemühle: Stahlkegel-Mahlwerk: Hergestellt aus gehärtetem Stahl. Kann problemlos und ohne Aufwand an die Küchenmaschine (gleiche Marke) angeschlossen werden. Neben Getreidekörnern können auch ölhaltige Samen und trockene Gewürze gemahlen werden. Keramik-Kegelmahlwerk: Hergestellt aus Bio-Keramik. Gleiche Verwendung wie Stahlkegel-Mahlwerk. Naturstein-/Kunststein-Mahlwerk: Spezial-Getreidemühlen und Haushalt-Getreidemühlen sind damit ausgerüstet. Echtes Naturstein-Mahlwerk: Hergestellt aus Granit (aus dem Fels geschlagen). Wird nur in Spezial-Getreidemühlen eingesetzt.

Eine eigene Getreidemühle ermöglicht, die Körner immer frisch zu mahlen. Für Einsteiger (Frischkornbrei) genügt zu Beginn eine kleine, ungebrauchte Kaffeemühle. Für Mehl in kleinen Mengen leistet eine handbetriebene Kaffeemühle gute Dienste. Bioläden und Reformhäuser bieten als Dienstleistung das Mahlen von Getreide an. Beim Kauf einer Getreidemühle sind Häufigkeit des Gebrauchs, Größe der Familie und Anschaffungskosten in die Evaluation einzubeziehen.

Gourmet: Gourmets nehmen den Mehraufwand in der Küche gerne in Kauf. Sie wissen, daß ein gutes Gericht mit Liebe und Phantasie zubereitet werden muß, und das erfordert etwas mehr Zeit. Die Neue Trennkost schränkt bei der Nahrungsmittelauswahl nicht ein, vielmehr sollen gewisse Produkte durch natürlichere ersetzt werden. Lassen Sie Ihrer Kreativität freien Lauf. Machen Sie die Neue Trennkost zu ‹Ihrem› Hobby.

Hausmannskost: Reich an tierischem Eiweiß und Fett. Wird von den meisten Menschen nicht mehr benötigt, da sie keiner schweren körperlichen Arbeit nachgehen.

Heißhunger verschwindet mit der Zeit ganz. Was ist der Grund? Die Wissenschaft hat festgestellt, daß bei Verzicht auf Fabrikzucker und dessen Ersatz durch Kohlehydrate in Form von Getreide- und Kartoffelstärke der Appetit stark nachläßt, d.h. man leidet nicht länger unter einem lästigen Heißhunger. Die natürlichen Produkte enthalten Faserstoffe, die länger sättigen und den Darm beschäftigen und aktivieren.

Jod: Wichtig für das gute Funktionieren der Schilddrüse. Enthalten in Meeresfisch und Algen.

Kakao wird von vielen Kindern und Erwachsenen morgens in die Milch gerührt. Er enthält viel Zucker, fast die Menge für eine ganze Woche. Die Lust auf Süßes wird uns in die Wiege gelegt, wir müssen mit dieser Lust umzugehen lernen. Kakao ist ein Genußmittel und sollte nur ab und zu für Backwaren in kleinen Mengen verwendet werden.

Kinder: Die Eßgewohnheiten werden bereits in den ersten Lebensjahren anerzogen. Man achte auf eine ausgewogene, abwechslungsreiche, vollwertige Ernährung. Nicht zu viel Süßes, denn im Zucker stecken ausschließlich leere Kalorien. Zucker ist, neben vielen anderen Nachteilen, auch kariesfördernd. Dies trifft übrigens auch für unverdünnten Honig und Trockenfrüchte zu. Den Kindern öfters ein Stück Hartkäse oder ein Sauermilchprodukt oder Fisch anbieten, dafür weniger Fleisch und Wurst. Gesüßte Limonade und gesüßte Fruchtsaftgetränke können ebenfalls nicht empfohlen werden. Besser sind Wasser, Mineralwasser oder Früchtetee, nach Belieben mit wenig Honig gesüßt. Kinder ziehen häufig rohes Gemüse (zum Knabbern) gekochtem vor. Bei richtiger Ernährung kann das Kind hin und wieder eine kleine Süßigkeit verkraften. Bei häufigem Heißhunger oder großer Appetitlosigkeit sollte man den Kinderarzt konsultieren. Solange ein Kind gut ißt, schläft, spielt, gesund und voller Energie ist und gut gedeiht, darf man davon ausgehen, daß es die Nährstoffe bekommt, die es benötigt. Zu meiden sind Nahrungsmittel, die Konservierungsstoffe, Lebensmittelfarbstoffe und chemische Zusätze enthalten, sowie raffinierte Nahrungsmittel und solche mit versteckten Billigfetten.

Kohlehydrate liefern dem Organismus Energie. Sie ermöglichen, daß das Eiweiß dem Zellaufbau nutzbar gemacht werden kann. In den Früchten kommen die Kohlehydrate in Form von Zucker vor, im Getreide in Form von Stärke, in den Möhren/Karotten in Form von Zucker und Stärke usw. Vor allem pflanzliche Lebensmittel enthalten Kohlehydrate. Eine Ausnahme ist die Milch. Sie enthält Kohlehydrate in Form von Milchzucker. Komplexe Kohlehydrate enthalten Vital- und Faserstoffe in Form von unverdaulicher Zellulose. Diese Stoffe unterstützen den Stoffwechsel. Kohlehydrate ohne Vitalstoffe, z. B. Weißmehl und Zucker, stören den Stoffwechsel. Überflüssige raffinierte Kohlehydrate werden in Fett umgewandelt und zeigen sich in den weniger gewollten Körperrundungen. Vollwertige Kohlehydrate wie Getreideprodukte und Kartoffeln galten früher als Dickmacher. Heute weiß man, daß sie länger sättigen und langsamer abgebaut werden. Sie stillen das Verlangen nach Zucker.

Kollath, Prof. Dr.: Vater der Vollwerternährung. Er vertritt die Meinung, daß im vollwertigen Nahrungsmittel – im Gegensatz zum denaturierten – wertvolle Wachstums- und Zellersatzstoffe enthalten sind, die biologisch, nicht aber chemisch nachweisbar sind. ‹Laßt unsere Nahrung so natürlich wie möglich>, dazu hat er immer aufgerufen. Roher Vollkornschrot (Frischkornmüsli) ist z. B. gesünder als Brot, auch wenn es aus frisch gemahlenem Vollkornmehl hergestellt wird. Gesunde Lebensmittel sollen möglichst wenig verarbeitet und möglichst frisch sein.

Künstliche Süßstoffe: Solche Produkte verschieben die ‹Süßschwelle› nach oben. Eine Süßsucht wird damit buchstäblich anerzogen. Künstliche Süßstoffe können Blähungen verursachen. Die als gesundheitlich unbedenklich einzustufende Menge wird durch künstlich gesüßte Getränke vor allem bei Kindern schnell überschritten.

Kupfer: Notwendig für die Abwehr von Infektionen und Allergien. Wichtig für die Blutbildung. Enthalten in Bierhefe, Vollkornbrot, Haselnüssen, Cashewnüssen, Sonnenblumenkernen, Lamm- und Rindfleisch.

Lebensmittelbestrahlung: Gewisse Nährstoffe, insbesondere die Vitamine A, C, D, E, K und einige des B-Komplexes, werden zerstört.

Lecithin: Verwandt mit der Familie der Fette. In allen natürlichen Ölen und auch im Eigelb enthalten. Bei der Gewinnung von Öl durch Raffination geht das Lecithin verloren.

Magnesium: Aktiviert im Zellinnern 300 Enzyme. Es erweitert die Blutgefäße. Dadurch kommt es zu einer besseren Durchblutung. Es reguliert den Blutdruck und verhindert die Gefäßverkalkung (Arteriosklerose). Auch die Muskelbewegungen werden durch das Magnesium gesteuert. Enthalten in Spinat, Schwarzwurzeln, Broccoli, Obst, Getreide, Nüssen, Samen und Weizenkleie.

Mechanisches Essen entsteht meist in Situationen, wenn wir uns u.a. nach einem warmen Bad oder nach Ruhe sehnen. Beides verhindert unkontrolliertes Essen. Hilfreich sind auch schon vorbereitete rohe Gemüsestückchen, aromatisiert mit wenig Kräutermeersalz, kaltgepreßtem Öl und Kräutern. Einen heißen Tee mit Zitronensaft und Honig gilt es auch auszuprobieren.

Mise en place: Alle Zutaten, Gewürze und vorbereiteten Nahrungsmittel griffbereit haben. Erst dann mit dem Kochen beginnen. Das spart Zeit.

Nährstoffe: Substanzen, die in den Nahrungsmitteln enthalten sind. Sie sind für den Zellaufbau und den Unterhalt des Organismus notwendig. Zu den Baustoffen zählen das Eiweiß sowie gewisse Mineralsalze, zu den Schutzstoffen die Vitalstoffe, Vitamine, Spurenelemente und essentiellen Fettsäuren, zu den Energielieferanten die Kohlehydrate und Fett sowie auch Eiweiß, wenn es im Übermaß zugeführt wird. Auch Wasser und Sauerstoff zählen dazu. Sie transportieren die Nährstoffe in die Zellen und sorgen für die Ausscheidung von Abfallprodukten (Schlacken). Zudem regulieren sie die Körpertemperatur.

Öl: Sehr wichtig ist die Deklaration ‹kaltgepreßt› oder ‹unraffiniert› und ‹nicht konserviert›. Öl kühl lagern. Ranziges Öl entsorgen; sein Konsum kann zu einem Vitaminmangel führen. Für Frischkost und Dips nur kaltgepreßtes Öl verwenden. Mit den Ölsorten häufig abwechseln oder die Öle mischen. Zu bevorzugen sind Produkte mit einem hohen Anteil an mehrfach ungesättigten Fettsäuren.

Nitrat: Wenn man sich saisongerecht ernährt (das essen, was augenblicklich geerntet wird, im Winter Lagergemüse), wird der Nitratgehalt im Gemüse nie ein Thema sein.

Psyche: Eine vollwertige, kohlehydratbetonte Ernährung mit wenig tierischem Eiweiß garantiert einen normalen Blutzuckerspiegel. Er ist ein wichtiger Teil der Angstkontrolle. Man wird ausgeglichener und kann spontan aus der Tiefe seiner Gefühle reagieren. Eine gesunde Psyche hat einen großen Einfluß auf unser Wohlbefinden. Ein gut ernährter Körper mit einem optimalen Stoffwechsel und eine intakte Psyche schenken uns Lebensfreude und Vitalität.

Saisongerecht einkaufen: Wichtiger Beitrag zum Umweltschutz und Grundvoraussetzung für den Erhalt der kleinbäuerlichen Betriebe.

Schlankheit: Vor allem Mädchen tun sich mit ihrer Figur schwer. Dieses Problem kann man mit einer natürlichen Ernährung lösen. Jede neue Ernährungsart muß, soll sie erfolgreich sein, dem Lebensstil angepaßt werden. So läuft man nicht Gefahr, daß man ständig mit Gewichtsproblemen zu kämpfen hat.

Schwangerschaft und Stillzeit: Wichtig ist eine ausgewogene, vollwertige Ernährung. Holen Sie Rat bei Ihrem Arzt. Essen Sie für zwei! Damit ist nicht die Quantität, sondern die Qualität gemeint. Je naturbelassener, desto besser. Der Bedarf an Folsäure verdoppelt sich in der Schwangerschaftszeit. Bierhefe, Weizenkeime, Weizenkleie, roher Fenchel und Rindfleisch enthalten viel Folsäure. Für die Kalziumvorsorge täglich ein Sauermilchprodukt konsumieren.

Senioren: Der Bedarf an Vitalstoffen ist im Alter unverändert, obwohl der Kalorienbedarf kleiner wird. Verzehren Sie genügend Faserstoffe, sogenannte Ballaststoffe. Wenn das Essen von Frischkost Mühe bereitet, Gemüse oder Früchte ganz fein reiben. Ihre Ernährung sollte sich zusammensetzen aus Vollkornprodukten, gedämpftem Gemüse, Früchten, gut gegarten Hülsenfrüchten (eventuell püriert als Suppe), Schalenkartoffeln, Butter, kaltgepreßten Ölen und wenig tierischem Eiweiß, vorzugsweise in Form von Fisch und Sauermilchprodukten. Tip: größere Mengen kochen und diese portionenweise gefrieren. Die richtige, regelmäßige Ernährung schenkt Ihnen Vitalität und Wohlbefinden. Bewegen Sie sich viel in der freien Natur, denn die Sonne aktiviert in der Haut das Vitamin D.

Sportler/Fitneß: Die Ernährung hängt von der Sportart ab. Nicht zu große Mengen aufs Mal essen. Darauf achten, daß die Kost einen hohen Anteil an Vitalstoffen hat und ein Maximum an langsam resorbierbaren Kohlehydraten in Form von Getreide, Gemüse, Frischkost, Obst, Nüssen und Dörrobst. Wichtig ist genügend Flüssigkeit. Ungeeignet sind Getränke mit hohem Zuckergehalt und Vollmilchgetränke.

Stoffwechsel: Umwandlung der Nährstoffe in verwertbaren Stoff, notwendig für die Energiebeschaffung und den permanenten Aufbau neuer Zellen, die Bildung von Körpersäften, die Produktion von Hormonen und Botenstoffen, den Aufbau der körpereigenen Abwehrkräfte, die Ausscheidung von Stoffwechsel- und anderen Schlacken usw. Wenn der Stoffwechsel stimmt, fühlen wir uns gesund, fit, glücklich und wohl.

Säure: Denaturierte Produkte wie Weißmehl, weißer Reis und weiße Teigwaren, aber auch Zucker und Fleisch usw., produzieren beim Abbau Säure. Zum Neutralisieren braucht es Basen (Rohkost/Gemüse). Wenn diese fehlen, wird der Kalk in

Knochen und Zähnen abgebaut und dem Körper als Base zur Verfügung gestellt. Auch rheumatische Beschwerden sowie Gicht, Gefäßerkrankungen, Arthrose werden als Folge einer Körperübersäuerung gewertet.

Säurebilder: Der Säure-Basen-Haushalt wird durch die Nieren zum größten Teil ausgeglichen. Bei gesunder Ernährung mit einem hohen Anteil an pflanzlicher Kost verfügt der Körper über einen Regelmechanismus.

Stoffwechsel- und Zivilisationskrankheiten: Dazu zählen Übergewicht mit all seinen Folgen, Allergien, Asthma, Hautkrankheiten, Stoffwechselstörungen bis hin zu rheumatischen Beschwerden und der allgemein reduzierten Immunabwehr.

Süßmittel/Süßigkeiten: Auch Honig sollte nur in kleinen Mengen verzehrt werden. Wenn eine Nachspeise, dann diese bewußt und maßvoll konsumieren. Ab und zu darf man süßen Gelüsten nachgeben. Dies schadet nicht, wenn man sich gesund und ausgewogen ernährt.

Tiefgekühlte Lebensmittel: Man wird im Küchenalltag nicht ganz ohne sie auskommen, vor allem wenn man einen eigenen Garten hat. Tiefkühlprodukte sind kein Ersatz für frisch zubereitetes Gemüse. Gemüse aus biologischem Anbau ist bezüglich Aroma durch nichts zu übertreffen.

Tierisches Eiweiß: Essen wir regelmäßig, d.h. täglich Fleisch, Fisch, Eier, Käse usw., dann konsumieren wir zu viel tierisches Eiweiß. Es enthält außerdem viel verstecktes Fett und kaum Faserstoffe. Eine Ernährung mit viel Frischkost, Sprossen,

Gemüse, Vollkornprodukten, Hülsenfrüchten, Nüssen, ab und zu Sojaprodukten und Seitan, in der gleichen Mahlzeit kombiniert, liefert genügend Eiweiß. Es ist empfehlenswert, den Konsum von tierischem Eiweiß zu reduzieren. Dieser Schritt ist zu Beginn für viele sicher schwierig, doch das Umdenken ist wichtig. Die tiereiweißarme Ernährung macht uns ausgeglichen, vital, konzentrationsstark und belastbar. Das Bewegungsbedürfnis nimmt zu, man hat wieder neue Kraft und Lebenslust. Es ist überhaupt nicht wichtig, ob man von Anfang an alles richtig macht. Was zählt, sind der Spaß und die Lust am Ausprobieren von etwas Neuem.

Überernährung beginnt oft damit, daß viele Menschen nicht genug essen und vor allem nicht das Richtige essen. Man ißt, was das Herz begehrt, und vergißt dabei den Kopf. Viele Schnell- und Vielesser empfinden die Nahrungsaufnahme mehr als lästige Pflicht denn als Genuß.

Übergewicht: Neuere ernährungswissenschaftliche Studien belegen, daß im Falle von Übergewicht nicht die Nahrungsmenge verantwortlich ist, sondern die Nahrungsmittelwahl. Deshalb ist es absolut nutzlos und gefährlich, sich mit schnellen Diäten abzuquälen. Wir müssen also lernen, uns gesundheitsbewußter zu ernähren. Dann werden wir an Körpergewicht verlieren und an Gesundheit und Wohlbefinden gewinnen. Es wäre vermessen zu glauben, daß Übergewicht oder eine andere Stoffwechselkrankheit, die während Jahren oder Jahrzehnten gewuchert hat, in wenigen Wochen oder Monaten besiegt werden kann. Ein kleiner Trost: Mehr Wohlbefinden ist unter Umständen rascher zu erreichen.

Unverträglichkeit: Empfindliche Menschen sollten bei der Umstellung Fabrikzucker sowie alles gekochte Obst und Säfte aus Obst und Gemüse meiden. Diese Produkte können eine Unverträglichkeit von Vollkornbrot, Getreide und Frischkost auslösen. Faserstoffreiche Lebensmittel zu Beginn in kleinen Mengen essen.

Trennen, wie lange?: Es handelt sich nicht um eine schnelle Diät. Die Ernährung sollte über längere Zeit praktiziert werden, soll sie den gewünschten Erfolg haben. Erleichtert wird dies dadurch, daß es sich um eine vielseitige, gesunde Kost handelt. Vielleicht wird Ihnen nach einiger Zeit diese Ernährungsweise so in Fleisch und Blut übergehen, daß Sie Ihr gesamtes Leben umstellen und ernährungsbewußter leben als früher. Gesund wäre dies auf jeden Fall! Sie werden nur so viel Gewicht verlieren, als dies Ihrer persönlichen Konstitution entspricht.

Verstopfung bei Kindern und Erwachsenen: Die richtige Behandlung ist eine vollwertige und faserstoffreiche Kost. Oft hilft schon ein Frischkornbrei mit Kräutertee anstelle des gewohnten gesüßten Milchgetränks. Abhilfe schaffen auch eingelegte Pflaumen und Feigen, Mineralwasser, eingelegte Leinsamen (in kleinen Mengen), Dickmilch anstelle von Milch, Entspannung und Bewegung. Stopfende Nahrungsmittel sind Kakao, Schwarztee, Schokolade, Käse sowie tierisches Eiweiß in größeren Mengen. Es hilft wenig, zwanghaft auf seinen Stuhlgang zu warten. Stimmt die Kost, kann nichts passieren. Nichts ist stopfender als die Sorge um den Stuhlgang. Jede abführende Maßnahme, oral oder rektal, kann bei Kindern und Erwachsenen zur Gewöhnung führen. Vergessen wir ferner nicht, daß jeder Darm seinen eigenen Rhythmus hat.

Verwertbarkeit: Nicht die Menge der aufgenommenen Nahrung ist wichtig, sondern deren Verwertung. Eine positive, optimistische Einstellung sowie die Freude am Essen begünstigen die Assimilation der Nährstoffe.

Viel essen: Zu Beginn der Umstellung ist die Lust auf viel Nahrung eine ganz normale Erscheinung, da man wieder alles (z. B. Butter, Vollkornbrot, Sahne/Rahm, Nüsse, Öl) essen darf. Vielleicht müssen Sie diese Erfahrung eine gewiße Zeit lang machen, bis Ihr Bedürfnis gestillt ist – bis Sie auf Überflüssiges verzichten können.

Vitalstoffe: Wasserlösliche und fettlösliche Vitamine, Mineralstoffe und Spurenelemente, Enzyme, ungesättigte Fettsäuren, Aromastoffe, Faserstoffe (Ballaststoffe).

Vitamine sind für alle Lebensfunktionen und einen guten Stoffwechsel unentbehrlich. Einem Mangel können wir vorbeugen, indem wir uns möglichst ausgewogen und abwechslungsreich mit vollwertigen, naturbelassenen Lebensmitteln ernähren. Frischprodukte möglichst kurz und kühl lagern. Schonend garen.

Vitamin A für die Gesundheit von Haar, Haut, Augen, Nägeln und Schleimhäuten. Schutz vor Infektionen. Enthalten in Fischöl, Milch, Eigelb, Rindfleisch, Schaffleisch, grünem Blattgemüse, Möhren/Karotten, rotem Gemüsepaprika/Peperoni, Aprikosen, gelben Pfirsichen.

Vitamin B1 notwendig für den Abbau der Kohlehydrate. Stärkt die Nervenfunktion, aktiviert den Stoffwechsel, fördert die Zellatmung. Ein Mangel kann Auslöser sein von Müdigkeit, Depressionen, Kopfschmerzen, Angstzuständen, Nervosität, Hautjucken usw. Enthalten in Frischkornbrei, Bierhefe, Weizenkeimen, Hülsenfrüchten, Sojabohnen, Vollkornbrot und -produkten, Eigelb, Milch.

Vitamin B2 ist an vielen Stoffwechselvorgängen zur Energiegewinnung beteiligt. Notwendig für normales Wachstum, für normales Funktionieren des Nervensystems und des Verdauungsapparates. Enthalten in Eiern, Leber, Nieren und tierischen Produkten, Milchprodukten, Norialgen, grünem Blattgemüse, Champignons, Sojabohnen und -mehl, Mandeln, Pflaumen, frischen Datteln.

Vitamine der B-Gruppe unterstützen Stoffwechsel, Nervensystem, die Bildung der roten Blutkörperchen und viele andere lebenswichtige Funktionen. Enthalten in Bierhefe, Vollkorngetreide, Pilzen, tierischem Eiweiß, Reiskleie.

Vitamin B6 wichtig während der Schwangerschaft. Hilft bei Eisenmangel, Streß und Übergewicht. Enthalten in Avocados, Walnüssen/Baumnüssen, Lachs, Sardinen, Hefe, grünem Gemüse.

Vitamin B12 hilft bei Eisenmangel, stärkt Gehirn, Kreislauf und Nervensystem. Hilft bei Übergewicht. Die Produktion von Vitamin B12 setzt eine gesunde Darmflora voraus. Außer in tierischen Produkten kommt es in fermentierten Sojaprodukten wie Miso, Tempeh, Natto, aber auch in Meeresalgen, Sauerkraut und Bierhefe vor.

Vitamin C schützt gegen Infektionen, beschleunigt jeden Heilungsprozeß und die Regeneration des Gewebes, ist für die Eisenaufnahme wichtig. Enthalten in Gemüsepaprika/Peperoni, Petersilie, Hagebutten, schwarzen Johannisbeeren, Zitrusfrüchten, Alfalfasprossen, Kohl/Kabis, Kartoffeln.

Vitamin D ist wichtig für die Kalziumaufnahme. Kalzium brauchen wir für starke, gesunde Knochen und Zähne. Vitamin D ist enthalten in Meeresfisch, Austern, Lebertran, Butter, Pilzen und Hefe. Die Sonne aktiviert in der Haut das Vitamin D.

Vitamin E ist nötig für die Elastizität des Gewebes, fördert die Vitalität, unterstützt jeden Heilungsprozeß, ist für die gesunde Funktion von Herz und Arterien wichtig. Gut bei Übergewicht. Enthalten in Weizenkeimöl, den meisten kaltgepreßten Ölen, Weizenkeimen, Haselnüssen, Mandeln.

Wein: Ein Glas guter Wein sei ab und zu bei festlicher Tafel erlaubt. Biologischem Wein den Vorzug geben. Der Wein, den wir zum Kochen brauchen, sollte von gleicher Qualität sein wie der Trinkwein.

Zeitdruck: Zeitmangel, Hektik, Sorgen und seelische Spannungen dominieren oft den Alltag in Beruf und Familie. Kinder reagieren auf strapazierte Eltern hyperaktiv. Zur Beruhigung des schlechten Gewissens und zum Trost überschütten wir die Kinder mit Süßigkeiten. Ein rhythmischer Lebenswandel, der uns Zeit zum Essen, Schlafen und ganz einfach zum Leben gibt, ist enorm wichtig. Anstatt Stunden vor dem Fernseher zu verbringen, nehmen wir uns Zeit, miteinander zu sprechen, zu spielen, uns in der freien Natur zu bewegen. Echte Andachtsmomente sind auch beruhigende Momente, wenn man unter Zeitdruck ist. Ansonsten wird unser Gefühlsleben abgestumpft und inhaltslos. Engagieren wir uns für unser Leben, denn nur dann können wir konzentriert und ganz bei einer Sache sein.

Produkte-Abc

Alkohol: Bei Nachspeisen (z.B. Tiramisu), die auch für Kinder bestimmt sind, den Alkohol durch Orangensaft, Orangenblütenessenz und Akazienhonig ersetzen.

Amarettolikör/Bittermandellikör: Ausgangsprodukt sind die Früchte (Bittermandeln) des im Mittelmeerraum angebauten Bittermandelbaumes. Aus den Bittermandeln wird das Öl gewonnen, das zur Aromatisierung des Likörs verwendet wird.

Artischocke: Kieferzapfenähnlicher Blütenkopf einer im Mittelmeerraum kultivierten Distelpflanze. Die aus hell- bis violettgrünen, dicken Blättern gebildeten Köpfe können bis 500 g schwer sein. Die Artischocke regt Leber- und Gallenfunktion an. Reich an Kalzium, Eiweiß, Eisen und vielen Vitaminen. Die Bitterstoffe gehen durch den Garprozeß verloren.

Aubergine: Eierfrucht. Gurkenähnliches Fruchtgemüse mit länglich-ovalen Formen, bis 20 cm lang, 5 bis 10 cm dick, Gewicht von 100 bis 400 g, mit dunkelvioletter, glänzender Schale. Viele Faserstoffe. Reich an Mineralstoffen und Vitaminen wie Kalzium, Kalium, Phosphor, Eisen, Vitamin B1, B2 und C. Diese Stoffe sind hauptsächlich in der Schale enthalten, die auch alle Aromastoffe enthält, die sich beim Garprozeß entfalten. Die Aubergine hat wenig Eigengeschmack und muß deshalb kräftig gewürzt werden.

Balsamico-Essig: In Eichenfässern während mindestens 6 Jahren gelagerter Rotweinessig. Unverkennbares, süßliches Aroma. Je älter der Esssig, desto höher der Preis.

Basilikum: Königin der Kräuter. Würzig-aromatisch, leicht süßlich. Immer erntefrisch verwenden. Verdauungsfördernd, löst Blähungen.

Bel Paese: Vollfetter Weichkäse. Mild im Geschmack, salzarm. Kann roh und gelegentlich als Ersatz für Mozzarella verwendet werden.

Bitterstoffe: Zum Beispiel enthalten in Brüsseler Endivie/weißem Chicorée, Radicchio/Cicorino rosso. Das darin enthaltene Inulin baut Harnstoffe ab und trägt zu einer guten Nierentätigkeit bei. Inulin senkt den Blutfettspiegel. Lagerung bei Licht macht das Gemüse bitter.

Blähungen und Vollwerternährung: Gärungs- und Fäulnisvorgänge bei der Verdauung. Langsam umstellen. Fabrikzucker und eventuell auch Honig weglassen. Auf Obstsäfte, Kaffee und künstliche Süßstoffe verzichten.

Blattmangold: Blattgemüse mit kleinen, dünnen Stielen und großen, zarten Blättern. Wird wie Spinat zubereitet, schmeckt aber kräftiger und würziger. Reich an Carotin (Provitamin A) und Vitamin C, Eisen und Mineralstoffen.

Blattzichorie: Feste, knackige Blattstiele und frische grüne Blätter. Leicht bitter. Gleicht dem Löwenzahn.

Blumenkohl, grün: Mehr Vitamin C, Eiweiß und Mineralstoffe als weißer Blumenkohl. Grüner Blumenkohl ist aromatischer als weißer und enthält zudem weniger Nitrat.

Blütenhonig/Auslese-Honig: Wenig aufdringlicher Geschmack. Immer dann zu empfehlen, wenn kein intensives Honigaroma erwünscht ist (Nachspeise).

Bohnenkraut: Pikant, leicht pfefferartig. Löst Blähungen. Hilft bei Koliken, Appetitlosigkeit, Magenkrämpfen.

Borlotti-Bohnen: Mittelgroß, rötlich gefleckt. Beliebteste Bohne der italienischen Küche. Mit der Kidneybohne verwandt.

Buchweizen: Knöterichgewächs. Kräftig im Geschmack. Enthält viel Eiweiß und Mineralstoffe sowie Kieselsäure. Rösten verbessert den Geschmack.

Chilischote: Kleine rote Paprikaschote, aus der u.a. Cayennepfeffer hergestellt wird.

Dampfgaren: Schonende Garmethode für Gemüse, Kartoffeln und Fisch. Ideal ist ein Siebeinsatz oder die Verwendung speziell für diese Garmethode konzipierter Kochtöpfe.

Dünsten: Schonende Garmethode für Gemüse. Das Gargut wird in Öl oder Butter bei offenem Kochtopf unter Schütteln einige Minuten gedünstet, mit wenig Gemüsebrühe abgelöscht und bei geschlossenem Kochtopf fertiggegart.

Eier: Nur aus Freilandhaltung. Reich an Fett, Cholesterin (280 mg), allen essentiellen Aminosäuren, Lecithin, Vitamin A, B1, B2, D und E, Eisen, Kalzium, Phosphor. Hochwertiges Eiweiß.

Endiviensalat ‹Lavata›: Gekrauster Endiviensalat. Der Salatkopf wird nach der Ernte gewässert. So verliert er die Bitterstoffe und die Rippen werden weich.

Erdbeeren: Reich an Vitamin C.

Essig: Die Italiener verwenden für Salatsaucen roten und weißen Weinessig.

Estragon: Würzig-aromatisch. Verdauungsfördernd, appetitanregend, löst Blähungen, hilft bei Magenschmerzen.

Grappa: Branntwein aus Trauben-Trester.

Feigen: Birnenförmige, 3 bis 10 cm große Südfrucht von grüner, brauner oder blauvioletter Farbe. Mit weißlichem bis violettem Fruchtfleisch. Saison Juli bis Oktober. Besonders reich an Kalzium.

Feta: Rindenloser, vier bis sechs Wochen in Kochsalzlake gereifter Weichkäse. Ursprünglich ausschließlich aus Schafsmilch hergestellt, heute auch aus Mischungen mit andern Milcharten. Feta hat einen weißlichen Teig, ist ohne Lochung und salzig-säuerlich im Geschmack. Beliebt für Salate und zum Füllen von Gemüse (z.B. Tomaten).

Fisch: Je nach Fischsorte 13 bis 20% hochwertiges Eiweiß. Leicht verdaulich. Das Fischöl enthält wertvolle mehrfach ungesättigte Fettsäuren. Reich an Vitaminen, auch B12 und D, Kalium, Kalzium, Phosphor, Fluor und Eisen. Manche Fische aus küstennahen Gebieten und fettreiche Fische sind leider mit Schwermetallen belastet. Magere Sorten bevorzugen. Der Fisch ist ein guter Jodlieferant. Gute Ergänzung zu pflanzlicher Kost.

Früchte und Gemüse: Nur gut reife Saisonprodukte verwenden.

Gemüse: Wichtigster Lieferant von Mineralstoffen, Vitamin C und Faserstoffen. Zur Schonung der Inhaltsstoffe ist auf eine schonende Garmethode zu achten (siehe ‹Dampfgaren› und ‹Dünsten›).

Gemüse und Salat: Nie im Wasser liegen lassen, da das Vitamin C und die Vitamine der B-Gruppe wasserlöslich sind. Erst kurz vor dem Verbrauch zerkleinern. Bei nicht zu hohen Temperaturen garen.

Gemüsebrühe in Pulverform: Ohne Geschmacksverstärker (z.B. Glutamat u.a.), frei von tierischem Fett. Empfehlenswert ist die Klare Brühe von ‹Raso›. Tel. Nr. Deutschland 07528 2742, CH 043/ 21 71 30. Kann auch als Streuwürze sowie für Suppen, Salatsaucen, Getreide und Teigwaren verwendet werden.

Gomaslo: Sesamsalz aus gerösteten, gemahlenen Sesamsamen, gemischt mit Meersalz.

Gorgonzola: Weicher Blauschimmelkäse aus Kuhmilch. Benannt nach dem gleichnamigen italienischen Ort. Würzig-pikant im Geschmack. Auffällig sind die blaugrünlichen Schimmeladern.

Gurke: Längliches Fruchtgemüse. Reich an Vitamin A und C, Kalium, Jod, Kalzium, Phosphor. Wenn man den Salat 30 Minuten ziehen läßt oder das Gemüse mit Sahne zubereitet, ist die Gurke leichter verdaulich.

Hartweizen: Enthält weniger Stärke und mehr Eiweiß als Weichweizen. Der Hartweizen wird u.a. für die Teigwarenfabrikation verwendet. Hartweizen empfiehlt sich auch für hausgemachte Nudeln, die dadurch fest und elastisch werden.

Himbeeren: Reich an Vitamin C und Eisen. Mehr Vitamin C als viele Apfelsorten. Hoher Faserstoffanteil.

Jod: Sowohl zu viel wie auch zu wenig Jod können zur Kropfbildung führen. Auch Meersalz enthält einen nur unbedeutenden Jodanteil. Ein Jodmangel läßt sich damit nicht beheben. Wichtig: öfters Meeresfisch essen.

Kapern: Blütenknospe des Kapernstrauchs. Die Knospen werden ganz in einen Essigaufguß eingelegt. Die Qualität der Kapern hängt von ihrer Größe ab. Je kleiner, desto besser.

Kartoffeln: Reich an Vitamin C und Eisen. Das Vitamin C befindet sich in konzentrierter Form unter der Schale.

Keimlinge/Sprossen: Trieb der Pflanze in den Keimtagen. Reich an Fett, Eiweiß, Vitamin B1, B2 und C. Durch das Keimen wird der Gehalt an wertvollen Inhaltsstoffen um ein Vielfaches erhöht, während der Energiegehalt (Kalorien/Joule) sinkt.

Kerbel: Süßlich-aromatisch, erinnert an Fenchel und Anis. Mit der Petersilie verwandt. Harntreibend, entgiftend, blutreinigend.

Knoblauch: Stark aromatisches Zwiebelgemüse. Bei Verwendung von Knoblauch ist die Menge dem persönlichen Geschmack anzupassen. Nur frischer Knoblauch hat ein würziges Aroma.

Koriander: Frucht der Korianderpflanze. Gibt Gebäck einen guten Geschmack. Die Korianderkörner können zusammen mit den Getreidekörnern gemahlen werden.

Kräuter: Regen Appetit und Verdauung an. Bringen Galle und Bauchspeicheldrüse zum Fließen. Helfen, in Nieren und Blase gestautes Wasser auszuschwemmen. Günstig bei hohem Blutdruck und Arteriosklerose.

Kurkuma (Gelbwurz): Scharfes Gewürz aus den getrockneten Wurzeln einer Staude aus der Familie der Ingwergewächse. Enthält das als gelben Lebensmittelfarbstoff zugelassene Curcumin.

Kuzu: Wurzel, zur Familie der Leguminosen gehörend. Gutes Bindemittel. Ersatz für Gelatine, Mais- und Kartoffelstärke.

Mascarpone: Weicher, butterähnlicher Frischkäse aus Kuhmilch. Süßlich-säuerlich im Geschmack. Wird aus frischer Sahne/frischem Rahm hergestellt. Kochfest. Wird unreif als Dessertkäse verkauft. Beliebt ist der mit Gorgonzola gemischte Käse. Mascarpone kann durch Crème double/Doppelrahm ersetzt werden.

Majoran: Intensiv würzig-aromatisch. Verdauungsfördernd, krampflösend, löst Blähungen, appetitanregend.

Melonen: Kürbisgewächs mit kugelrunder bis ovaler, faust- bis kopfgroßer Frucht mit ungenießbarer, verschiedenfarbiger Schale und unterschiedlich gefärbtem, sehr saftigem Fruchtfleisch mit Kernen. Die Wassermelone wird bis 15 kg schwer. Sie ist schwach süß und hat wenig Aroma. Die Zuckermelone wird bis 4 kg schwer; im Handel sind Honigmelonen (süßer Geschmack), Netzmelonen (süß-aromatischer Geschmack) und Charantais-Melonen (süß, sehr aromatischer Geschmack). Die Melone besteht zu 90% aus Wasser. Guter Durstlöscher.

Mozzarella: Vollfetter Frischkäse, der früher ausschließlich aus reiner Büffelmilch hergestellt wurde, heute aber vorwiegend aus Kuhmilch. Er kommt in Kugeln von 100 bis 400 g Gewicht in den Handel und wird in Molke oder Buttermilch aufbewahrt.

Nachquellen von Getreide: Kochtopf zugedeckt auf der ausgeschalteten Wärmequelle stehen lassen.

Oliven: Steinfrucht des Ölbaums. Die 2 bis 3 cm großen, ovalen Früchte mit grün-gelber bis blauschwarzer Haut und grünlich-weißem bis violettem Fruchtfleisch sind herb und eher bitter im Geschmack. Sie werden in verschiedenen Reifestadien in Salzwasser aufgekocht und in essig- oder kochsalzhaltigem Aufguß oder in Öl eingelegt. Schwarze Oliven, die im Gegensatz zu grünen ausgereift sind, schmecken milder. Die Oliven enthalten 15 bis 25% Fett.

Olivenöl: Gutes kaltgepreßtes Öl sollte hellgelb und von fast neutralem Geschmack sein. Beim Olivenöl sollte man nicht sparen. Nur das teuerste Öl besitzt das köstliche Aroma. Olivenöl enthält essentielle Fettsäuren, die der Körper selber nicht bilden kann. Ein Mangel kann zu Hautveränderungen, Verdauungsstörungen und Störungen im Wasserhaushalt führen.

Orangenblütenwasser: Destillierte Blütenessenz aus der Orangenblüte. Erhältlich im Reformhaus. Gibt Gebäck und Cremes ein angenehmes Orangenaroma.

Oregano: Blätter eines Majorangrases. Nebst dem frischen Kraut sind auch getrocknete Blätter und ein gelbgrünliches Pulver im Handel. Oregano ist nervenstärkend, appetitanregend, verdauungsfördernd. Hilft bei Magenkrämpfen und Erkältungen.

Panettone: Traditionelles italienisches Weihnachtsgebäck aus Hefeteig. Großer, luftiger Kuchen.

Paprikaschoten/Gemüsepaprika/Peperoni: Nachtschattengewächs. Faustgroße Schote, deren

Wand vom saftigen, knackigen Fruchtfleisch gebildet wird. Die glatte Oberfläche weist je nach Sorte und Reifezustand eine unterschiedliche Farbe auf. Grün: Beginn der Reifung; schmeckt würzig, schwach bitter. Rot: voll ausgereift; leicht süßlich. Gelb: Zwischenstufe; mild-aromatisch. Höchster Vitamin-C-Gehalt unter den Gemüsen. Zudem reich an Beta-Karotin, der Vorstufe von Vitamin A. Wichtig für Augen, Haut und Schleimhäute. Reich an Kalium. Menschen mit empfindlichem Magen können die Früchte schälen oder kurz blanchieren. Scheidewände und Kerne immer entfernen.

Parmesan: Extra harter, zwei bis vier Jahre gereifter Käse aus roher Kuhmilch. Der berühmteste Käse Italiens. Je älter, desto besser und höher der Preis. Parmesan sollte man nur am Stück kaufen. In Beutel abgepackter Käse ist von minderwertiger Qualität. Wer nicht konsequent trennt, der kann z.B. wenig geriebenen Parmesan über die Nudeln streuen.

Peperoncino/Pfefferschote: Schote einer Pfefferart. Ziemlich süß und mäßig scharf. Die grünen sind eher mild, die kleinsten, ob rot oder grün, sind die schärfsten.

Peperoni: siehe Paprikaschote.

Petersilie, glattblättrig, italienisch: Glatte Blätter. Würziger als gekrauste Petersilie. Appetitanregend, harntreibend.

Pinienkerne: Reich an Eisen, Vitamin B1. Enthalten 60% Fett, deshalb nur wenige Monate haltbar (werden rasch ranzig). Eiweißreichste Nuß. Samen verschiedener Pinienarten der im Mittelmeerraum heimischen Pinie.

Reis/Vollreis (Langkorn): Verkocht nicht. Bleibt relativ trocken. Verklebt nicht.

Reis/Vollreis (Rundkorn): Gibt beim Kochen besonders viel Stärke ab. Geeignet für Risotto und Süßspeisen.

Reis/Vollreis, kochen: Ohne Gewürze, Salz und Gemüsebrühe kochen, damit er richtig weich wird.

Rosinen: Ungeschwefelte Produkte bevorzugen. Guter Nährstoffspender. Viele Faserstoffe. Reich an Vitaminen der B-Gruppe und an Eisen.

Rosmarin: Herb würzig, leicht bitter. Kreislaufbelebend, schmerzstillend, appetitanregend. Wurde bei den alten Römern der Venus, der Göttin der Liebe, geweiht. Rosmarin eignet sich sehr gut zum Aromatisieren von Olivenöl oder Essig.

Rucola/Rauke: Nußartige Salatpflanze aus dem Mittelmeerraum. Junge Blätter werden roh verzehrt, größere können kurz im Öl gebraten und mit Teigwaren oder Reis gemischt werden. Rucola kann anstelle von Basilikum für Pesto verwendet werden.

Safran: Blütenteile einer Krokusart. Im Handel in Form von Safranfäden und Safranpulver. Rote Farbe. Würzig-aromatisch. Leicht bitter. Färbt intensiv gelb. Teures Gewürz. Für 1 kg Safran braucht es 80 000 Blüten. Bekanntestes Gericht in der italienischen Küche ist der Safranrisotto.

Schnittlauch: Lauchähnlicher Geschmack. Reich an Vitamin C und Vitaminen der B-Gruppe, Calcium, Magnesium und Eisen. Appetitanregend, verdauungsfördernd, blutdrucksenkend.

Salbei: ‹Salvus› heißt gesund. Aberglaube besagt, daß sein Genuß den Menschen unsterblich mache.

Stauden-/Stangensellerie: Stengelgemüse mit bis zu 50 cm langen, fleischig-knackigen Blattstielen. Appetitanregend. Enthält viel Vitamin C, Mineralstoffe und ätherische Öle.

Thymian: Ausgeprägt würzig-herb, leicht bitter. Natürliches Desinfektionsmittel. Bringt Linderung bei Husten und Erkältung.

Tomaten: Nachtschattengewächs. Auch Paradies-apfel oder Liebesapfel genannt. 200 g Tomaten decken den Tagesbedarf an Vitamin C zu mehr als der Hälfte. Die Gemüsefrucht enthält zudem Vitamin A, Mineralstoffe, Spurenelemente, Kalzium, Magnesium, Eisen, Zink. Außerhalb der Saison können anstelle der aromatisch frischen Tomaten abgetropfte Pelati verwendet werden.

Tomaten häuten: Tomatenspitz übers Kreuz einritzen. Kurz in kochendes Wasser geben, bis sich die Haut zu lösen beginnt. Kalt abschrecken. Schälen.

Tomatenmark aus dem Reformhaus: Gibt der Tomatensauce zusätzliche Würze. Gilt als natürliches Dickungsmittel. Für 200 g Mark werden 1,5 kg frische Tomaten benötigt.

Tomatensauce: Frische Tomaten ergeben die beste Sauce. Dosentomaten und Tomatenpüree schmecken immer noch besser als die bei uns gezogenen Treibhaustomaten.

Trüffel: Wertvoller, teurer Speisepilz. Schlauchpilz. Pflaumen- bis faustgroße, kartoffelähnliche Knollen mit warziger Haut und festem, mit Adern durchzogenem Fruchtfleisch. Schon kleine Mengen genügen für ein gutes Aroma. Weiße Trüffel werden roh mit dem Hobel direkt über die Speisen gehobelt. Schwarze Trüffel können mitgekocht werden. Ein kulinarisches Erlebnis!

Wein: Auch zum Kochen einen guten Wein verwenden: wie der Wein, so die Speise.

Zitronenschale (abgerieben): Für abgeriebene Schalen nur unbehandelte Zitronen verwenden (Reformhaus).

Zitronenmelisse: Zitronenähnlicher Geschmack. Beruhigend, krampflösend. Lindert Kopfschmerzen.

Die Spielregeln der Neuen Trennkost auf einen Blick

– Jedes der nachfolgenden Rezepte ist entweder mit der Zahl 1, 2, 3 oder 4 versehen (Zahl im grauen Rasterkästchen oberhalb des Rezeptes)

Zahl 1 = Gruppe 1
= Gericht bestehend aus Kohlehydraten

Zahl 2 = Gruppe 2
= Gericht bestehend aus konzentriertem pflanzlichem Eiweiß

Zahl 3 = Gruppe 3
= Gericht bestehend aus tierischem Eiweiß

Zahl 4 = Gruppe 4
= Gericht aus neutralen Lebensmitteln

Man kombiniere:
– Rezepte der Gruppe 1
(Kohlehydrate) untereinander   1 + 1

– Rezepte der Gruppe 1 (Kohlehydrate)
mit Rezepten der Gruppe 2
(konzentriertes pflanzliches Eiweiß)   1 + 2

– Rezepte der Gruppe 1 (Kohlehydrate)
mit Rezepten der Gruppe 4
(neutrale Produkte)   1 + 4

– Rezepte der Gruppe 1 (Kohlehydrate)
mit Rezepten der Gruppe 2
(konzentriertes pflanzliches Eiweiß)
und 4 (neutrale Produkte)   1 + 2 + 4

– Rezepte der Gruppe 2
(konzentriertes pflanzliches Eiweiß)
mit Rezepten der Gruppe 4
(neutrale Produkte)   2 + 4

– Rezepte der Gruppe 3
(tierisches Eiweiß) mit Rezepten
der Gruppe 4 (neutrale Produkte)
Abweichungen beachten   3 + 4

Auf Seite 20 befindet sich eine detaillierte Zusammenstellung der einzelnen Produktegruppen.

Crostini Antipasti

Der wohlklingende italienische Name Crostini steht für geröstete Brotscheiben. Was wären aber die Brotscheiben ohne die vielen frischen, aromatischen Aufstriche/ Auflagen, die ein wichtiger Teil der italienischen Eßkultur sind. Antipasti sind vorwiegend in Öl eingelegtes Gemüse, das den größten Hunger stillt und neugierig macht auf das, was nachher folgt. Antipasti regen die Magentätigkeit an, ohne ihn zu belasten.

1
Crostini
Crostini

Vollkornbaguette
(Rezept Seite 85)

1. Vollkornbaguette in Scheiben schneiden. Im vorgeheizten Ofen bei 200 Grad hellbraun rösten. Leicht auskühlen lassen.
2. Crostini-Belag: siehe nachfolgende Rezepte.

Olive all'olio d'aglio
Oliven mit Knoblauchöl

200 g schwarze Oliven, entsteint

1 kleine Schalotte, fein gehackt

1 Knoblauchzehe, fein gehackt

Oregano

100 ml/1 dl kaltgepreßtes Olivenöl extra vergine

1. Schalotten, Knoblauch und Oregano im Ölivenöl einige Minuten dünsten. Das Öl durch ein Sieb zu den Oliven gießen. Einige Zeit stehen lassen.

Pasta d'oliva
Olivenpaste

100 g schwarze oder grüne Oliven, entsteint

1–2 Knoblauchzehen, gepreßt

1 EL Salbei, fein gehackt

2 EL Zitronensaft

wenig Meersalz

Pfeffer aus der Mühle

2 EL kaltgepreßtes Olivenöl extra vergine

$1/2$ roter Gemüsepaprika/ Peperoni, in kleinen Würfeln

1. Sämtliche Zutaten pürieren
2. Olivenpaste auf die Crostini streichen. Mit Olivenhälften garnieren.
3. Variante: Entsteinte schwarze Oliven mit der Gabel zerdrücken. Mit weicher Butter mischen.

Aglio e pomodoro
Knoblauch und Tomaten

3 große frische Knoblauchzehen, halbiert, entkernt

2 reife Tomaten, in 1 cm dicken Scheiben

Meersalz

Olivenöl

Basilikum, fein geschnitten

1. Scheiben von Vollkornbaguette (8 Scheiben) mit Olivenöl bestreichen. Brotscheiben im Ofen toasten. Gut mit Knoblauch und Tomatenhälften einreiben. Salzen. Mit Basilikum bestreuen.

Pasta di pinoli
Pinienkernen-Aufstrich

100 g weiche Butter

2 EL Hefeflocken

40 g Pinienkerne

80 g vegetarische Kräuterpaste

1 TL Dijonsenf

1 EL Majoranblättchen, gehackt

Cayennepfeffer

Meersalz

Gemüsebrühepulver

1. Pinienkerne ohne Fett rösten. Abkühlen lassen.
2. Sämtliche Zutaten gut verrühren. Mindestens 1 Stunde kühl stellen.
3. Varianten: Pinienkerne durch Sesamsamen oder geschälte Haselnüsse ersetzen.

Olio d'oliva e aglio
Olivenöl und Knoblauch

einige Knoblauchzehen, gepreßt

kaltgepreßtes Olivenöl extra vergine

Meersalz

Pfeffer aus der Mühle

1. Crostini mit dem Knoblauch einstreichen. Olivenöl darüberträufeln. Mit Salz und Pfeffer würzen. Sofort servieren.

Pasta di tofu
Tofupaste

200 g Tofu, zerdrückt

100 g/1 dl Sahne/Rahm

50 g vegetarische Kräuterpaste

Kräutermeersalz

Gemüsebrühepulver

Pfeffer aus der Mühle

1-2 Knoblauchzehen, gepreßt

$^1/_4$ TL getrocknete Provencekräuter

1-2 EL kaltgepreßtes Olivenöl extra vergine

1 Bund Schnittlauch, fein geschnitten, als Garnitur

1. Sämtliche Zutaten pürieren. Durch ein Sieb streichen. Gut würzen. Mindestens 30 Minuten in den Kühlschrank stellen.
2. Tip: Der Tofuaufstrich kann in einem Glas mit Schraubverschluß im Kühlschrank 3 Tage aufbewahrt werden.

Pasta di pomodoro
Tomatenaufstrich

100 g weiche Butter

3 EL Tomatenmark

1 Knoblauchzehe, gepreßt

Meersalz

Pfeffer aus der Mühle

1. Sämtliche Zutaten gut verrühren. Würzen.
2. Varianten: Das Tomatenmark durch 3 bis 4 Knoblauchzehen, 1 Eßlöffel gehacktes Basilikum oder geröstete Sonnenblumenkerne ersetzen.

Pasta di grano verde
Grünkern-Aufstrich

50 g Grünkern, fein gemahlen

150 ml/1,5 dl Wasser

1 Prise Meersalz

1 Schalotte, fein gehackt

2 Knoblauchzehen, gepreßt

3 TL trockener Majoran

2 EL Hefeflocken

50 g vegetarische Kräuterpaste

2 TL Dijonsenf

Pfeffer aus der Mühle

1 EL Gemüsebrühepulver

1 EL kaltgepreßtes Olivenöl extra vergine

120 g weiche Butter

1. Grünkern, Wasser und Prise Salz aufkochen. Gut verrühren. Kochtopf von der Wärmequelle nehmen. Zugedeckt erkalten lassen.
2. Schalotten, Knoblauch und Majoran in wenig Butter dünsten. Zur Grünkernmasse geben. Gewürze und vegetarische Kräuterpaste unter den Grünkern rühren. Ganz am Schluß die weiche Butter dazugeben. Mindestens 1 Stunde kühl stellen.
3. Grünkern-Crostini nach Belieben mit Kapern und Oliven garnieren.
4. Tip: In einem Glas mit Schraubverschluß hält sich die Paste im Kühlschrank einige Tage frisch.

4

Carciofi sott'olio
Artischocken in Öl eingelegt

6 kleine violette Artischocken

kaltgepreßtes Olivenöl extra vergine

250 ml/2,5 dl Weißweinessig

250 ml/2,5 dl Wasser

1 große Knoblauchzehe, gehackt

1 Lorbeerblatt

frischer Thymian

Meersalz

Pfeffer aus der Mühle

1. Artischocken unter fließendem Wasser reinigen. Mit der Schere lediglich die Blattspitzen wegschneiden.
2. Essig, Wasser und Gewürze aufkochen. Artischocken beigeben. 5 Minuten köcheln lassen. Artischocken in ein Tuch einschlagen. Über Nacht ruhen lassen.
3. Artischocken in ein Glas mit Schraubverschluß füllen. Mit dem Olivenöl auffüllen.
4. Artischocken frühestens nach 10 Tagen verzehren. Mindestens 3 Wochen haltbar.

4

Peperoni marinati
Marinierter Gemüsepaprika

je 2 gelbe, rote und grüne Gemüsepaprika/Peperoni

3 Knoblauchzehen, fein gehackt

6 EL kaltgepreßtes Olivenöl extra vergine

1 gehäufter EL Gemüsebrühepulver

Pfeffer aus der Mühle

1. Ganzen Gemüsepaprika im vorgeheizten Ofen bei 200 Grad so lange bräunen, bis die Haut reißt. Paprika in kaltes Wasser legen. Haut mit den Fingern abreiben. Früchte halbieren. Weiße Scheidewände und Kerne entfernen. In Streifen schneiden.
2. Knoblauch, Olivenöl und Gewürze verrühren. Marinade über die Paprikastreifen gießen. Mindestens 1 Tag im Kühlschrank ziehen lassen.

4

Olio all'aglio
Knoblauchöl

20 g frische Knoblauchzehen, geschält

Salbei, Thymian, Rosmarin

schwarze und grüne Pfefferkörner

kaltgepreßtes Olivenöl extra vergine

1. Knoblauch, Kräuter und Pfeffer in ein Glas mit Schraubverschluß füllen. Mit Öl bedecken. Im Kühlschrank 14 Tage ziehen lassen.
2. Wichtig: Nach Gebrauch immer wieder Öl nachgießen, damit die Kräuter bedeckt sind. Gewürze nach 6 bis 8 Wochen ersetzen.
3. Variante: je 1 Zweig Rosmarin, Thymian und Salbei sowie 1 Knoblauchzehe.

4

Funghi marinati su pomodori
Marinierte Pilze auf Tomaten

300 g Champignons, geputzt

1 l Wasser

1/2 Zitrone, Saft

1/2 Bund Thymian

1 Prise Meersalz

1 große Knoblauchzehe, halbiert

4 Tomaten

Marinade

1/2 Zitrone, Saft

1 Bund Schnittlauch, geschnitten

1 Zweig Thymian, Blättchen gezupft

3 EL kaltgepreßtes Olivenöl extra vergine

Meersalz

Pfeffer aus der Mühle

Gemüsebrühepulver

einige schwarze Oliven

1. Wasser, Zitronensaft, Thymian, Salz und Knoblauch aufkochen. Pilze dazugeben. 3 Minuten köcheln lassen. Abschütten. Pilze mit einem Tuch trocknen.
2. Pilze in Scheiben schneiden. In eine Schüssel geben. Marinade darüberträufeln. Den gekochten Knoblauch dazugeben. Pilze bei Raumtemperatur über Nacht marinieren.
3. Tomaten in Scheiben schneiden. Pilze samt Marinade darauf verteilen. Eventuell nachwürzen.

4

Olive sott'olio
Oliven in Öl eingelegt

150 g schwarze Oliven
2 Pfefferschoten/Peperoncini, klein geschnitten
1 EL Kerbel
Pfeffer aus der Mühle
100 ml/1 dl kaltgepreßtes Olivenöl extra vegine

1. Sämtliche Zutaten mischen. Mindestens 1 Tag ziehen lassen.

4

Peperoncini sott'olio
Pfefferschoten in Öl eingelegt

4 rote Pfefferschoten/ Peperoncini, in Ringen
1 grüne Pfefferschote/ Peperoncino, in Ringen
kaltgepreßtes Olivenöl extra vergine

1. Pfefferschoten gut mit Olivenöl bedecken. Im Kühlschrank 4 Tage ziehen lassen.
2. Verwendung: Das Öl zum Kochen, die Pfefferschoten in kleinen Mengen (sie sind sehr scharf) für Blattsalate, für Crostini oder Spaghetti verwenden.

2

Tofu marinato
Marinierter Tofu

250 g Tofu, in Scheiben oder Würfeln
1/4 Zitrone, Saft
2 KL Shoyu
Gemüsebrühepulver
3 Knoblauchzehen, grob gehackt
1/2 KL grob geschroteter schwarzer Pfeffer
Peffer aus der Mühle
kaltgepreßtes Olivenöl extra vergine oder kaltgepreßtes Maiskeimöl

1. Tofu mit dem Zitronensaft und Shoyu beträufeln. Gemüsebrühepulver darüberstreuen. Geschroteten Pfeffer und Knoblauch darüberstreuen. Über Nacht im Kühlschrank marinieren.
2. Tofu und Kräuter in ein großes, heiß ausgespültes Glas schichten. Einige Drehungen Pfeffer auf jede Lage geben. Mit dem Öl auffüllen. Mindestens 24 Stunden marinieren.
3. Der Tofu hält sich im Kühlschrank rund 8 Tage frisch. Danach Öl filtrieren (Papierfilter verwenden) und für Salate verwenden.

4

Funghi sott'olio
Pilze in Öl eingelegt

200 g kleine Champignons
200 ml/2 dl Weißweinessig
1/4 TL Meersalz
Pfeffer aus der Mühle
kaltgepreßtes Olivenöl extra vergine oder kaltgepreßtes Maiskeimöl

1. Champignons putzen. Stiele kürzen. Pilze für 3 Min. in kochendes Wasser geben. Kochwasser für eine Suppe verwenden.
2. Essig und Meersalz aufkochen. Abgetropfte Pilze im Essig ca. 4 Min. köcheln lassen. Pilze zum Trocknen und Erkalten auf ein Küchentuch legen.
3. Pilze in ein Glas mit Schraubverschluß füllen. Jede Lage mit Pfeffer aus der Mühle bestreuen. Mit dem Öl auffüllen.
4. Champignons frühestens nach 2 Wochen essen. Mindestens 2 Monate haltbar.

4

Porcini marinati
Marinierte Steinpilze

500 g Steinpilze
2 EL Olivenöl
1 Schalotte, fein gehackt
1 Zwiebel, in feinen Ringen
1 Lorbeerblatt
wenig Thymian
100 ml/1 dl Weißweinessig
400 ml/4 dl Wasser
1 EL Gemüsebrühepulver
5 Pfefferkörner, zerdrückt
50 ml/0,5 dl kaltgepreßtes Olivenöl extra vergine
wenig Zitronensaft

1. Steinpilze putzen. In nicht zu schmale Streifen schneiden. Pilze zusammen mit den Schalotten im Olivenöl (2 EL) anbraten.
2. Sämtliche Gewürze, Essig und Wasser 20 Minuten köcheln lassen. Das Olivenöl dazugeben.
3. Gebratene Pilze in eine Schüssel geben. Gesiebte Flüssigkeit dazugeben. Mindestens 24 Std. marinieren.
4. Vor dem Servieren einige Spritzer Zitronensaft dazugeben. Mit Knoblauchbrot servieren.

Salate

– Am gesündesten sind Gemüse und Salat aus biologischem Anbau.

– Salat und Gemüse immer frisch zubereiten.

– 1mal täglich einen gemischten Salat; abends genügen oft wenig Sprossen oder Früchte (nach Belieben auch mittags).

– Zum Zerkleinern von Gemüse eine Rohkostreibe, -raffel oder Rohkostmaschine aus rostfreiem Edelstahl verwenden (Zeitersparnis).

– Blattsalat vor dem Mischen mit der Salatsauce sehr gut schleudern.

– Petersilie, Dill, Schnittlauch, fein zerkleinert, lassen sich gut einfrieren (nicht länger als 6 Monate).

– Suppengrün (Möhren/Karotten, Petersilienwurzel, Porree/Lauch, klein gehackt) in Eiswürfelgitter drücken und einfrieren. Würfel nach 24 Stunden aus der Form stoßen. In einem Plastikbeutel im Tiefkühler aufbewahren.

– ** Wichtig: In Kombination mit tierischem Eiweiß sind Sahne/Rahm und saure Sahne/Sauerrahm durch kaltgepreßtes Öl zu ersetzen. Trennkostregel: Nur ein tierisches Nahrungsmittel in größerer Menge pro Mahlzeit.

4

Insalata verde con funghi e zucchini

Blattsalat mit Pilzen und Zucchini

1 Kopfsalat
300 g Zucchini, in feinen Scheiben
150 g Pilze, feinblättrig geschnitten
Sauce
1 kleine Zitrone, Saft
4 EL kaltgepreßtes Olivenöl extra vergine
1–2 Knoblauchzehen, gepreßt
1 kleine Schalotte, fein gehackt
1 Bund Petersilie, gehackt
Meersalz
Pfeffer aus der Mühle

1. Zucchini und Pilze in der Sauce 15 Minuten marinieren. Salat kurz vor dem Servieren dazugeben.

4

Insalata verde al basilico

Lavatasalat mit Basilikum

1 Endiviensalat ‹Lavata›, in feinen Streifen
4 längliche Tomaten, in Scheiben
1 Bund Basilikum, Blätter in feinen Streifen
Sauce
4 EL kaltgepreßtes Olivenöl extra vergine
1–2 EL Weißweinessig
1 Bund Schnittlauch, fein geschnitten
Meersalz/Pfeffer aus der Mühle

1. Sämtliche Zutaten mit der Sauce mischen.

2. Tip: Wenn kein ‹Lavata› erhältlich ist, gelbe Teile von Frisée nehmen.

4

Carpaccio di verdura con dip rosa
Gemüsecarpaccio mit Rosadip

je 1 roter, gelber und grüner Gemüsepaprika/Peperoni
1 Salatgurke
1 weißer Rettich
Rettichsprossen
Sauce
2 EL kaltgepreßtes Olivenöl extra vergine
2 EL Zitronensaft
Meersalz
Pfeffer aus der Mühle
1 Zweig Basilikum, sehr fein geschnitten
Rosadip
120 g/1,2 dl Schlagsahne/-rahm **
1 Knoblauchzehe, gepreßt
Rote-Bete-Saft/Randensaft
Shoyu
Meersalz
Pfeffer aus der Mühle

** Siehe Seite 45, 1. Spalte

1. Gemüsepaprika vierteln und entkernen. Paprikaviertel in Längsrichtung in sehr dünne Streifen schneiden.
2. Salatgurke und Rettich schälen. In sehr dünne Scheiben schneiden.
3. Rettichsprossen auf große Teller verteilen. Gemüsepaprika, Gurken und Rettich auf den Sprossen anrichten. Mit der Sauce beträufeln.
4. Für den Rosadip die Sahne mit wenig Saft von roter Bete färben. Gut würzen.
5. Variante: Rosadip durch Estragon-Mayonnaise (Seite 60) ersetzen.

4

Insalata di rafano ai noci
Rettichsalat mit Walnüssen

1 mittelgroßer Rettich, in feinen Scheiben
2 EL kaltgepreßtes Olivenöl
1 EL Walnuß-/Baumnußöl
schwarzer Pfeffer aus der Mühle
Meersalz
1 EL Schnittlauch, fein geschnitten
50 g Walnüsse/Baumnüsse, grob gehackt

1. Die beiden Öle mischen. Über die Rettichscheiben träufeln. Großzügig mit Pfeffer bestreuen. Mischen. 20 Minuten stehen lassen.
2. Kurz vor dem Servieren wenig salzen. Mit den Walnüssen und dem Schnittlauch bestreuen.

4

Insalata di finocchi
Fenchelsalat

700 g Fenchel, in feinen Ringen
Sauce
1/2 Bund Basilikum, fein gehackt
1 Zitrone, abgeriebene Schale und Saft
1–2 Knoblauchzehen, gepreßt
4 EL kaltgepreßtes Olivenöl extra vergine
2 Frühlingszwiebeln, fein gehackt
Meersalz
Pfeffer aus der Mühle

1. Sämtliche Zutaten mit der Sauce mischen. Mindestens 15 Minuten ziehen lassen.

4

Insalata estiva
Sommersalat

1 Bund Radieschen, in Scheiben
1 Kopfsalat oder anderer Blattsalat, in mundgerechten Stücken
1/2 Salatgurke, in Scheiben
2 Sproß Stauden-/Stangensellerie, fein geschnitten
1 gelber Gemüsepaprika/Peperoni, halbiert, entkernt, in feinen Streifen
1 längliche Tomate, in Scheiben
1 weiße Zwiebel, in Ringen
1 Bund Schnittlauch, fein geschnitten
1/2 Bund Basilikum, fein gehackt
Sauce
2 EL Weißweinessig
1 EL Balsamico-Essig
6 EL kaltgepreßtes Olivenöl extra vergine
2 EL kaltgepreßtes Sonnenblumenöl
1 TL Dijonsenf
Meersalz
Pfeffer aus der Mühle
Gemüsebrühepulver
1–2 Knoblauchzehen, gepreßt
1 EL Kapern oder Oliven

1. Sämtliche Zutaten mit der Sauce mischen.

Abbildung rechts

4

Insalata di spinaci con pinoli
Spinatsalat mit Pinienkernen

500 g junger Blattspinat
100 g Champignons, feinblättrig geschnitten
50 g Pinienkerne, grob gehackt
6 Basilikumblätter, fein geschnitten

Sauce

3 EL kaltgepreßtes Sonnenblumenöl
2 EL Walnuß-/Baumnußöl
1 kleine Zitrone, abgeriebene Schale und Saft
1 TL Balsamico-Essig
1 Knoblauchzehe, gepreßt
Gemüsebrühepulver
Meersalz
Pfeffer aus der Mühle
1 Msp Honig

1. Sämtliche Zutaten mit der Sauce mischen.
2. Variante: Champignons durch 200 g Austern- oder Steinpilze ersetzen. Feinblättrige Pilze in 50 g Kräuterbutter braten. Unter den Salat mischen.

4

Insalata verde con noci e chicchi d'uva
Schnittsalat mit Traubenbeeren und Nüssen

500 g Schnittsalat
1 Bund Rucola/Rauke, fein geschnitten
200 g blaue Traubenbeeren, halbiert und entkernt
100 g Walnuß-/Baumnußkerne, grob gehackt

Sauce

100 ml/1 dl roter Traubensaft
1 TL Dijonsenf
1/2 EL Balsamico-Essig
1 Spritzer Zitronensaft
2 EL Walnuß-/Baumnußöl
1 EL kaltgepreßtes Sonnenblumenöl
Gemüsebrühepulver
Meersalz
Pfeffer aus der Mühle

1. Sämtliche Zutaten mit der Sauce mischen.
2. Salat mit Walnußhälften und Traubenbeeren garnieren.

4

Radicchio con arance
Radicchio mit Orangen

150 g roter Radicchio/Cicorino rosso, fein geschnitten
100 g grüner Radicchio/ Cicorino verde, fein geschnitten
2 Orangen geschält, in kleinen Würfeln
2 EL Pinienkerne, geröstet

Sauce

1 EL Zitronensaft
1 EL Orangensaft
1 EL Rotweinessig
3 EL kaltgepreßtes Olivenöl extra vergine
1 EL Walnuß-/Baumnußöl
1 KL Dijonsenf
2 Schalotten, fein gehackt
1 EL Basilikum, fein gehackt
Meersalz
Pfeffer aus der Mühle

1. Radicchio mit der Sauce mischen. Orangen und Pinienkerne darüberstreuen.

4

Insalata di indivia
Endiviensalat

1/2 Endivie, nur die gelben Teile
1 großer roter Gemüsepaprika/ Peperoni, gewürfelt
5 Sproß Stauden-/ Stangensellerie, in feinen Ringen
2 EL Alfalfasprossen

Sauce

3 EL Weißweinessig
5 EL kaltgepreßtes Olivenöl extra vergine
1 EL Hefeflocken
2 KL Gemüsebrühepulver
Pfeffer aus der Mühle

1. Endivie, Gemüsepaprika und Staudensellerie mit der Sauce mischen. Alfalfasprossen darüberstreuen.

4

Insalata di arance
Orangensalat

1 kg Orangen
1 weiße Zwiebel, in feinen Ringen

Marinade

reichlich schwarzer Pfeffer aus der Mühle
Meersalz
4 EL kaltgepreßtes Olivenöl extra vergine

1. Orangen schälen. Weiße Teile und Häutchen entfernen. Früchte in Ringe schneiden. Entkernen.
2. Orangenscheiben auf einem großen, flachen Teller anrichten. Jede Lage mit Zwiebelringen bestreuen und der Marinade beträufeln. 1 Stunde marinieren.

Abbildung rechts

4

Crudità con marinata di limone e dip all'aglio

Bunter Rohkostteller mit Zitronenmarinade und Knoblauchdip

1 Bund Radieschen
3 junge Artischocken
2 schöne, feste Tomaten
4 Sproß Stauden-/Stengelsellerie
einige Frühlingszwiebeln, ohne Wurzeln
1/2 Salatgurke
1 gelber Gemüsepaprika/Peperoni
Zitronenmarinade
2 Zitronen, Saft
100 ml/1 dl kaltgepreßtes Olivenöl extra vergine
Meersalz
Pfeffer aus der Mühle
Knoblauchdip
200 g saure Sahne/Sauerrahm, 35% Fett **
200 g/2 dl Sahne/Rahm, leicht geschlagen **
1 KL Zitronensaft
Gemüsebrühepulver
Meersalz
Pfeffer aus der Mühle
1 EL frische Kräuter

** Siehe Seite 45, 1. Spalte

1. Radieschen kreuzweise einschneiden.
2. Bei den Artischocken Stiel wegschneiden. Äußere zähe Blätter von Hand abbrechen, so daß nur noch die zarten Herzblätter übrigbleiben. Artischocken in Scheiben schneiden. Sofort in Zitronenwasser legen.
3. Tomaten vierteln. Stielansatz und Kerne entfernen.
4. Staudensellerie in lange Streifen schneiden.
5. Salatgurke längs vierteln.
6. Das Gemüse auf Tellern anrichten. Zitronenmarinade darüberträufeln. Den Knoblauchdip separat servieren.

4

Dente di leone con ceci germogliati

Löwenzahnsalat mit gekeimten Kichererbsen

150 g junger Löwenzahn (Ersatz Rucola, Schnittsalat oder Portulak)
2 längliche Tomaten, Stielansatz entfernt, in Scheiben
1 weiße Zwiebel, fein gehackt
3 EL gekeimte Kichererbsen
1 EL Kräuterbutter
Sauce
2-3 EL Rotweinessig
5 EL kaltgepreßtes Olivenöl extra vergine
1 TL Dijonsenf
1 EL Hefeflocken
Shoyu
Meersalz
Pfeffer aus der Mühle

1. Kichererbsen in der Kräuterbutter 2 bis 3 Minuten leicht anbraten.
2. Löwenzahn mit der Sauce mischen. 2 bis 3 Minuten stehen lassen. Tomaten mit dem Löwenzahn mischen. Kichererbsen darüberstreuen.

4

Insalata di zucchini

Zucchinisalat

4 Zucchini, in Scheiben
2 Tomaten, entkernt, gewürfelt
Petersilie, fein gehackt
Sauce
2 EL Zitronensaft
2 EL saure Sahne/Sauerrahm, 35% Fett
3 EL kaltgepreßtes Distelöl
1 TL Dijonsenf
Meersalz
Pfeffer aus der Mühle
1 Schalotte, fein gehackt
1 Knoblauchzehe, gepreßt

1. Zucchinischeiben mit der Sauce mischen. Im Kühlschrank kurze Zeit marinieren.
2. Tomaten unter den Salat mischen. Petersilie darüberstreuen.

4

Indivia con germi di alfalfa

Endiviensalat mit Alfalfasprossen

1 kleiner Endiviensalat ‹Lavata›
einige Radieschen, halbiert
2 EL Pinienkerne, geröstet
1 Handvoll Alfalfasprossen
Sauce
2 EL Rotweinessig
1 TL Balsamico-Essig
4 EL kaltgepreßtes Olivenöl extra vergine
Gemüsebrühepulver
1 Schalotte, fein gehackt
2 Knoblauchzehen, gepreßt

1. Zerpflückten Endiviensalat, Radieschen und Sprossen mit der Sauce mischen. Pinienkerne darüberstreuen.

Suppen

– Frisch zubereitete Suppen haben das ganze Jahr Saison. Es gibt kaum ein Gemüse, kaum ein Kraut, das sich nicht für eine feine, aromatische Suppe eignen würde.

– Suppe stets vor der Rohkost servieren. Sie regt nicht nur den Appetit an, sondern ist auch ideal zum Aufwärmen.

– Bei pürierten Suppen lassen sich ideal weniger beliebte Lebensmittel wie Hülsenfrüchte, Getreide usw. in die Suppe «schmuggeln».

– Frische Sprossen und frische Kräuter sind zusätzliche Aromaträger und reich an Vitalstoffen. Wir dürfen mit ihnen verschwenderisch umgehen.

– Eine reichhaltige Gemüsesuppe kann in einer Mahlzeit ohne weiteres das Gemüsegericht, nicht aber den Salatteller ersetzen. Fehlt die Zeit für einen Salatteller, vor dem Servieren frisches Gemüse in die Suppe raspeln.

– ** Wichtig: Ansonsten neutrale Suppen (Gruppe 4) mit Sahne-/Rahmanteil sollen in derselben Mahlzeit nicht mit tierischem Eiweiß (Fleisch, Fisch usw.) kombiniert werden. Trennkostregel: Nur ein tierisches Nahrungsmittel in größerer Menge pro Mahlzeit.

1

Crema d'aglio gratinata con pasta sfoglia
Knoblauchcremesuppe mit Blätterteig überbacken

100 g Schalotten, fein gehackt
1 EL Butter
25 g Weizen, fein gemahlen
600 ml/6 dl Gemüsebrühe
8 große Knoblauchzehen, zerdrückt
50–100 g/0,5–1 dl Sahne/Rahm
Muskatnuß
Pfeffer aus der Mühle
Meersalz
Teighaube
250 g Vollkornblätterteig aus dem Reformhaus
1 EL Petersilie, gehackt
3 EL Wasser
3 EL Sahne/Rahm

1. Schalotten in der Butter dünsten. Mehl dazugeben. Umrühren. Mit der Gemüsebrühe ablöschen. Unter öfterem Rühren ca. 20 Min. köcheln lassen. Knoblauch beigeben. Abschmecken. 2 bis 3 Min. köcheln lassen. Sahne unter kräftigem Rühren mit dem Stabmixer zur Suppe geben.
2. Knoblauchsuppe in 4 feuerfeste Suppentassen füllen. Mit gehackter Petersilie bestreuen.
3. Blätterteig 2 mm dick ausrollen. 4 Rondellen ausstechen, etwas größer als die Suppentassen. Tassenrand mit Wasser einstreichen. Teigrondellen auf die Tassen legen. Gut andrücken. Wasser und Sahne verrühren. Teigdeckel einstreichen.
4. Suppentöpfchen im vorgeheizten Ofen bei 225 Grad ca. 20 Minuten backen.
5. Varianten: Teighaube durch geröstete Knoblauchbrotwürfel ersetzen. Anstelle von Knoblauch 2 Bund Bärlauch nehmen.

1

Brodo con verdura e pasta reale
Klare Suppe mit Gemüse-einlage und Backerbsen

1 l Gemüsebrühe
100 g Möhren/Karotten
50 g Knollensellerie
1 Lauch
100 g Weißkohl, ohne Mittelrippen
50 g grüne Erbsen
1 EL Kerbel, gehackt
Backerbsen
100 g Dinkelmehl, gemahlen, Kleie ausgesiebt
8 EL Olivenöl
300 ml/3 dl alkoholfreies Bier
1/4 TL Meersalz
Pfeffer aus der Mühle
Muskatnuß
Maiskeimöl zum Fritieren

1. Für den Teig Mehl, Olivenöl und Bier verrühren. Würzen. Sofort fritieren. Maiskeimöl erhitzen. Teig löffelweise durch das Spätzlesieb in das heiße Öl tropfen lassen. Backerbsen mit dem Schaumlöffel herausfischen. Auf einem mit Küchenpapier belegten Gitter trocknen lassen.
2. Für die Suppe sämtliches Gemüse in sehr feine Streifen (Julienne) schneiden. Mit wenig Gemüsebrühe knackig dünsten.
3. Grüne Erbsen im Salzwasser 2 bis 3 Minuten blanchieren (damit sie ihre grüne Farbe behalten).
4. Gemüse und Erbsen in vorgewärmten Suppentellern anrichten. Die heiße Gemüsebrühe dazugießen. Mit dem Kerbel garnieren. Backerbsen erst am Tisch in die Brühe geben.

1

Crema di pomodoro
Tomatencremesuppe

400 g reife Tomaten, gewürfelt
1 EL Butter
1 Zwiebel, fein gehackt
100 g Möhren/Karotten, gewürfelt
einige Petersilienstengel
1 EL Tomatenmark
800 ml/8 dl kräftige Gemüsebrühe
20 g Dinkelmehl, frisch gemahlen
weißer Pfeffer aus der Mühle
1 KL Auslesehonig
1 Knoblauchzehe, gepreßt
200 g saure Sahne/Sauerrahm, 35% Fett
Basilikum, fein geschnitten

1. Zwiebeln, Möhren und Petersilienstengel in der Butter dünsten. Tomaten und Tomatenmark beigeben. Mitdünsten. Das mit wenig Wasser angerührte Dinkelmehl zusammen mit der Gemüsebrühe, dem Knoblauch und dem Honig zum Gemüse geben. 25 bis 30 Min. köcheln lassen.
2. Suppe pürieren und durch ein Sieb streichen. Aufkochen. Saure Sahne darunterrühren. Abschmecken. Nach Belieben mit Cayennepfeffer und Worcestersauce würzen. Basilikum darüberstreuen.
3. Varianten: In jeden Suppenteller einen gehäuften Eßlöffel gekochten Vollreis geben. Mit gehackter Petersilie bestreuen. Auch pikant gewürzter, gebratener Tofu, Backerbsen (voriges Rezept), gebratene Vollkornbrotwürfel, getoastete Vollkornbaguette (von Hand zerbröckeln) eignen sich als Einlage.

4. Kalte Tomatensuppe: Suppe kühl stellen. Kurz vor dem Servieren mit Würfelchen von Salatgurken und gelbem Gemüsepaprika bestreuen. Dazu eingelegte Oliven und Crostini servieren.

Abbildung rechts

1

Minestra di asparagi con pane all'aglio
Spargelsuppe mit Knoblauchbrot

1 Bund (800 g) grüner Spargel
1 große Schalotte, fein gehackt
30 g Butter
ca. 1 l Gemüsebrühe
150 g/1,5 dl Sahne/Rahm
1 Handvoll Alfalfasprossen
Meersalz
Pfeffer aus der Mühle
Gemüsebrühepulver
Knoblauchbrot (Seite 40)

1. Beim Spargel Köpfe auf 6 bis 7 cm kürzen. Restlichen Spargel klein schneiden.
2. Schalotten in der Butter dünsten. Spargelabschnitte dazugeben und mitdünsten. Mit der Gemüsebrühe auffüllen. 40 bis 50 Minuten garen.
3. Spargel samt Flüssigkeit pürieren und durch ein Sieb streichen.
4. Spargelsuppe samt Sahne aufkochen. Eventuell mit Gemüsebrühe verdünnen. Würzen. Spargelspitzen beigeben. 5 bis 8 Minuten köcheln lassen.
5. Spargelsuppe in vorgewärmten Tellern anrichten. Alfalfasprossen darüberstreuen. Mit heißem Knoblauchbrot servieren.
6. Wichtig: Ohne Knoblauchbrot ist die Spargelsuppe neutral (Gruppe 4). Siehe auch Seite 51, 1. Spalte.

4

Minestra estiva
Sommerliche Gemüsesuppe

1 kg Saisongemüse, z.B. Blumenkohl, Broccoli, Möhren/ Karotten, Lauch, Zucchini, Zwiebeln
3 Knoblauchzehen, gehackt
4 EL Olivenöl
200 g Fleischtomaten
1 Lorbeerblatt
l Gemüsebrühe
Meersalz
Pfeffer aus der Mühle

1. Tomatenspitz übers Kreuz einritzen. Kurz in kochendes Wasser geben, bis sich die Haut zu lösen beginnt. Kalt abschrecken. Haut abziehen. Stielansatz kreisförmig herausschneiden. Früchte würfeln.
2. Blumenkohl und Broccoli in Röschen teilen, Lauch und Zwiebeln in Ringe, Möhren und Zucchini in Stäbchen schneiden.
3. Gemüse und Knoblauch im Olivenöl dünsten. Lorbeerblatt und Tomatenwürfel beigeben und mitdünsten. Mit der Gemüsebrühe ablöschen. 20 Minuten köcheln lassen. Lorbeerblatt entfernen. Abschmecken.
4. Tip: Gemüsesuppe mit Pesto (Seite 56) servieren.

1

Minestra di salvia con foglie di salvia fritte
Salbeisuppe mit gebackenen Salbeiblättern

10 große Salbeiblätter, fein gehackt
2 EL Butter
1 l Gemüsebrühe
50 g Dinkelmehl, fein gemahlen
Meersalz
Pfeffer aus der Mühle
3 EL Sahne/Rahm
1 EL Butter
4 kleine Salbeiblätter, für die Garnitur
Salbeiblätter im Teig
20 große Salbeiblätter
50 g Dinkelmehl, fein gemahlen
$1/2$ EL Pfeilwurzmehl
50 ml/0,5 dl Wasser
$1/2$ EL Petersilie
$1/2$ Knoblauchzehe, gepreßt
Meersalz
Pfeffer aus der Mühle
50 g Bratbutter

1. Für den Ausbackteig Mehl und Wasser verrühren. Kräuter und Knoblauch dazugeben. Würzen. Teig mindestens 1 Stunde quellen lassen.
2. Für die Suppe gehackten Salbei in der Butter (2 EL) dünsten. Mehl mit wenig Gemüsebrühe verrühren. Zusammen mit der restlichen Gemüsebrühe zum Salbei geben. Gut rühren. 10 Min. köcheln lassen. Suppe pürieren, durch ein Sieb streichen.
3. Salbeiblätter einzeln in den Teig tauchen. In der heißen Bratbutter braten. Auf Küchenpapier abtropfen lassen.
4. Suppe, Sahne und restliche Butter aufkochen. Abschmecken.

5. Suppe in vorgewärmten Tellern anrichten. Garnitur darauflegen. Pfeffermühle zum individuellen Würzen auf den Tisch stellen. Gebratene Salbeiblätter separat servieren.
6. Variante: Salbeiblätter mit Orangensauce servieren. Für die Sauce 1 feingehackte Schalotte mit dem Saft von 1 Orange und $1/2$ Zitrone, 1 Msp Honig, Salz und Cayennepfeffer mischen. Pikant abschmecken.

1

Minestra di cavolo rapa con foglietti di mandorlo
Kohlrabisuppe mit Mandelblättchen

400 g grüne Kohlrabi, zerkleinert
Blattgrün der Kohlrabi, in Streifen
150 g Kartoffeln, gewürfelt
$1/2$ l Gemüsebrühe
150 g/1,5 dl Schlagsahne/-rahm
1 Spritzer Zitronensaft
Meersalz
Pfeffer aus der Mühle
Muskatnuß
4 KL Schlagsahne/-rahm für die Garnitur
2 EL Mandelblättchen, geröstet
1 EL Kerbel, gehackt

1. Kohlrabi, Blattgrün und Kartoffeln in der Gemüsebrühe 20 Minuten köcheln lassen. Pürieren und durch ein Sieb streichen.
2. Suppe abermals aufkochen. Schlagsahne beigeben. Vor den Kochpunkt bringen. Würzen.
3. Kohlrabisuppe mit der restlichen Sahne, den Mandelblättchen und dem Kerbel garnieren.

Saucen

– An der Sauce erkennt man einen guten Koch, eine gute Köchin… Wen wundert es, daß viele Menschen bei den weitverbreiteten Industrie-Saucen ob einer feinen hausgemachten Sauce buchstäblich ins Schwärmen kommen. Da ist dann selbst ein Stück Fleisch nicht mehr so wichtig…

– Auch bei vorwiegend vegetarischer Ernährung brauchen wir auf eine feine Sauce nicht zu verzichten, ist sie doch der ideale Begleiter von Getreide, Teigwaren, Gemüse usw.

– In der Neuen-Trennkost-Küche werden Sahne-/ Rahmsaucen nicht zu tierischem Eiweiß (Fleisch, Fisch usw.) serviert.

– ** Wichtig: In Kombination mit tierischem Eiweiß (Fisch, Fleisch usw.) kleine Mengen Sahne/Rahm durch kaltgepreßtes Öl ersetzen. Auf Dips und Saucen mit großem Anteil Sahne/Rahm oder saure Sahne/Sauerrahm muß ganz verzichtet werden, da sie sich nicht durch Öl ersetzen lassen. Butter läßt sich problemlos durch Reform-Margarine ersetzen. Trennkostregel: Nur ein tierisches Nahrungsmittel in größerer Menge pro Mahlzeit.

4

Salsa di basilico
Basilikumsauce

10 g Butter
1 Schalotte, fein gehackt
125 ml/1,25 dl Gemüsebrühe
125 g/1,25 dl Sahne/Rahm **
1 Bund Basilikum, nur die Blätter
Meersalz
Pfeffer aus der Mühle
1 Basilikumblatt für die Garnitur

** Siehe 1. Spalte

1. Schalotten in der Butter dünsten. Mit der Gemüsebrühe ablöschen. Einköcheln lassen. Sahne dazugeben. Sauce zusammen mit dem Basilikum pürieren.
2. Sauce erhitzen, ohne zu kochen.

4

Salsa di erbe varie
Kräutersauce

4 EL Petersilie, gehackt
1 EL Basilikum, gehackt
1 Schalotte, fein gehackt
1 Knoblauchzehe, fein gehackt
1 EL Öl
3 EL Wasser
1 EL Gemüsebrühepulver
2 EL kaltgepreßtes Olivenöl extra vergine
Meersalz/Pfeffer

1. Kräuter, Schalotten und Knoblauch in der im Wasser aufgelösten Gemüsebrühe und dem Öl (1 EL) dünsten. Olivenöl dazugeben. Sauce pürieren. Gut würzen.
2. Tip: Die Sauce paßt zu gedämpftem Gemüse, Schalenkartoffeln und Fritiertem.

4

Dip con germi di alfalfa
Dip mit Alfalfasprossen

*75 g saure Sahne/Sauerrahm, 35% Fett** *
*75 g/0,75 dl Sahne/Rahm ** *
1 KL kaltgepreßtes Olivenöl extra vergine
1 KL kaltgepreßtes Maiskeimöl
1 gehäufter KL Dijonsenf
Gemüsebrühepulver
Meersalz
Pfeffer aus der Mühle
1 gehäufter EL Alfalfasprossen

**Siehe Seite 55, 1. Spalte

1. Sämtliche Zutaten, außer den Sprossen, gut verrühren. Dip würzen. 1 Stunde kühl stellen. Sprossen beifügen.
2. Tip: Paßt zu Frischkost (Möhren, Sellerie, Spargel, Kürbis usw.).

Abbildung rechts

1

Bolognese di lenticchie rosse
Bolognese mit roten Linsen

100 g rote Linsen
250 ml/2,5 dl Gemüsebrühe
übrige Zutaten: siehe Grünkernbolognese

1. Linsen in der Gemüsebrühe 10 Minuten köcheln lassen.
2. Gleiche Zubereitung wie Grünkernbolognese, jedoch die Linsen erst der pürierten und passierten Sauce beigeben. Linsen in der Sauce 10 Minuten ziehen lassen.

1

Bolognese di grano verde
Grünkernbolognese

100 g Grünkern, über Nacht eingeweicht
2 EL Olivenöl
1 große rote Zwiebel, gehackt
100 g Lauch, in feinen Ringen
150 g Stauden-/Stangensellerie, in feinen Ringen
1–2 Knoblauchzehen, gepreßt
1 mittlere Möhre/Karotte, gewürfelt
5 Tomaten, ohne Haut und Stielansatz, gewürfelt
1 Rosmarinzweig
1 Salbeiblatt
200 ml/2 dl Rotwein
400 ml/4 dl Gemüsebrühe oder das Einweichwasser vom Getreide
2 Gemüsebrühewürfel (bei Verwendung des Einweichwassers)
1 EL Tomatenpüree
1/2 Sträußchen Petersilie, gehackt
Meersalz
Pfeffer aus der Mühle
100 g/1 dl Sahne/Rahm

1. Zwiebeln, Sellerie, Lauch, Möhren und Knoblauch im Olivenöl dünsten. Abgetropftes Getreide kurz mitdünsten. Tomaten und Rosmarinzweig dazugeben. Mit dem Rotwein und der Gemüsebrühe ablöschen. Bolognese 90 Minuten köcheln lassen. Rosmarinzweig entfernen.
2. Die Hälfte der Sauce pürieren und durch ein Sieb streichen.
3. Pürierte und unpürierte Sauce aufkochen. Tomatenpüree beigeben. 30 Minuten köcheln lassen. Siebinhalt beigeben. 5 Minuten köcheln lassen. Sahne beigeben. Sauce wenig einköcheln lassen. Würzen. Petersilie unter die Sauce rühren. Falls nötig, mit wenig Gemüsebrühe verdünnen. Sehr heiß servieren.

Abbildung rechts

4

Pesto
Pesto

1 großer Bund Basilikum, ohne Stiele, fein gehackt
2 Knoblauchzehen, gepreßt
2 EL Hefeflocken
Pfeffer aus der Mühle
1/2 TL grobkörniges Meersalz
50 g Pinienkerne, geröstet
125 ml/1,25 dl kaltgepreßtes Olivenöl extra vergine
2 EL heißes Wasser oder Teigwarenwasser

1. Sämtliche Zutaten, ohne das Olivenöl und das Wasser, im Mörser zerstoßen. So viel Olivenöl in kleinen Portionen darunter rühren, bis die Sauce die gewünschte Konsistenz hat. Heißes Wasser unter die Sauce rühren. Mit den heißen Teigwaren mischen.
2. Varianten: Basilikum durch 1 Bund Petersilie und 1 KL getrocknetes Basilikum ersetzen. Pinienkerne durch ungeröstete Walnüsse/Baumnüsse ersetzen. Dem Pesto nach Belieben eine entkernte, feingehackte Chilischote beigeben.
3. Tips: Restlichen Pesto in ein Glas mit Schraubverschluß füllen. Mit einer Ölschicht decken. So ist die Sauce einige Wochen haltbar.

Abbildung rechts

4

Salsa di pomodoro
Tomatensauce

800 g Tomaten
1 Zwiebel, gehackt
1 Möhre/Karotte, fein gehackt
100 g Lauch, fein geschnitten
1 Sproß Bleich-/Stangensellerie, fein gehackt
2 EL Olivenöl
2 Knoblauchzehen, gepreßt
1 EL Basilikum, gehackt
1 EL Oregano, gehackt
1 Lorbeerblatt
125 ml/1,25 dl Rotwein
Meersalz
Pfeffer aus der Mühle
2–3 EL Sahne/Rahm
¹/₂ KL Honig

1. Tomatenspitz übers Kreuz einritzen. Kurz in kochendes Wasser legen, bis sich die Haut zu lösen beginnt. Kalt abschrecken. Schälen. Früchte halbieren. Stielansatz und Kerne entfernen.
2. Zwiebeln, Möhren, Lauch und Sellerie im Olivenöl 10 Minuten dünsten. Knoblauch, Tomaten, Kräuter, Lorbeerblatt und Rotwein beigeben. 20 Minuten köcheln lassen. Von Zeit zu Zeit rühren.
3. Lorbeerblatt entfernen. Tomatensauce pürieren. Eventuell mit wenig Gemüsebrühe verdünnen. Mit Meersalz und Pfeffer und dem Honig abschmecken. Mit der Sahne verfeinern.
4. Variante: Für eine scharfe Sauce 1 Chilischote, längs halbiert und entkernt, in der Sauce mitkochen. Am Schluß entfernen.

4

Bolognese di verdura
Gemüsebolognese

300 g Saisongemüse, klein geschnitten
2 EL Öl
übrige Zutaten: siehe Grünkernbolognese

1. Grünkern durch Saisongemüse ersetzen.
2. Saisongemüse im Öl dünsten.
3. Gleiche Zubereitung wie Grünkernbolognese, jedoch das gedünstete Gemüse erst der pürierten und passierten Sauce beigeben. Gemüse in der Sauce 5 Minuten ziehen lassen.

4

Dip ai peperoni rossi
Paprikadip

2 rote Gemüsepaprika/Peperoni
wenig Gemüsebrühe
150 g Crème double/Doppelrahm **
Gemüsebrühepulver
Meersalz/Pfeffer

**Siehe Seite 55, 1. Spalte

1. Gemüsepaprika halbieren, entkernen und zerkleinern. In wenig Gemüsebrühe 4 Minuten garen.
2. Gemüsepaprika samt Kochflüssigkeit pürieren. Durch ein Sieb streichen. Sahne unter die Sauce rühren. Falls nötig, mit wenig Gemüsebrühe verdünnen.

4

Salsa d'insalata all'italiana
Italienische Salatsauce

2–3 EL Rotweinessig
1 KL Balsamico-Essig
Meersalz
Pfeffer aus der Mühle
Gemüsebrühepulver
5 EL kaltgepreßtes Olivenöl extra vergine
1 kleine Schalotte, fein gehackt
1 Knoblauchzehe, gepreßt

1. Sämtliche Zutaten gut verrühren.

4

Salsa di peperoni rossi
Rote Paprikasauce

2 rote Gemüsepaprika/Peperoni
250 ml/2,5 dl Gemüsebrühe
50 g saure Sahne/Sauerrahm, 35% Fett
75 g eiskalte Butter
Gemüsebrühepulver
Meersalz
Pfeffer aus der Mühle

1. Gemüsebrühe offen auf die Hälfte einkochen lassen.
2. Gemüsepaprika halbieren, entkernen und zerkleinern. In die kochende Gemüsebrühe geben. 4 Minuten köcheln lassen. Sauce pürieren und durch ein Sieb streichen.
3. Sauce aufkochen. Die kalte Butter stückchenweise in die heiße Sauce rühren. Abschmekken. Sauce mit dem Schneebesen oder mit dem Stabmixer aufschlagen.

1

Besciamella
Béchamelsauce

50 g Butter
50 g Dinkelmehl
250 g/2,5 dl Sahne/Rahm
2 EL Hefeflocken
Gemüsebrühepulver
Meersalz
Pfeffer aus der Mühle
Muskatnuß

1. Butter schmelzen. Mehl beifügen und anschwitzen. Die leicht erwärmte Sahne dazugeben. Sauce unter ständigem Rühren 3 Min. köcheln lassen. Hefeflokken beigeben. Würzen. Sauce evtl. mit wenig Gemüsebrühe verdünnen.
2. Tip: 2 bis 3 Salbeiblätter mitköcheln. Die Béchamelsauce eignet sich für Gratins aus Getreide, Gemüse und Teigwaren.

4

Salsa allo zafferano
Safransauce

250 ml/2,5 dl Gemüsebrühe
1 Beutel Safranpulver
75 g eiskalte Butter
3–4 EL Sahne/Rahm oder saure Sahne/Sauerrahm, 35% Fett
Gemüsebrühepulver
Meersalz
Pfeffer aus der Mühle
1 Msp Honig

1. Gemüsebrühe auf die Hälfte einreduzieren. Safran beigeben.
2. Kalte Butter mit dem Stabmixer stückchenweise in die heiße Brühe rühren. Sahne dazugeben. Abschmecken. Mit dem Honig abrunden.

4

Salsa di pepe verde
Grüne Pfeffersauce

250 ml/2,5 dl Gemüsebrühe
200 g saure Sahne/Sauerrahm, 35% Fettgehalt **
2 TL eingelegter grüner oder rosa Pfeffer
Meersalz
Gemüsebrühepulver
Pfeffer aus der Mühle

** Siehe Seite 55, 1. Spalte

1. Gemüsebrühe offen auf wenige Eßlöffel einkochen lassen. Restliche Zutaten mit der Gemüsebrühe verrühren. Würzen.
2. Variante: Pfefferkörner durch Chilischoten ersetzen.
3. Tip: Die Pfeffersauce paßt zu Getreideburgern, Seitan- oder Tofusteaks sowie zu Kartoffelgerichten.

4

Ketchup di pomodoro
Tomatenketchup

4 EL Tomatenpüree
2 EL Balsamico-Essig
3 EL Rotwein
1 große Pfefferschote/ Peperoncino, halbiert, entkernt
1 Schalotte, fein gehackt
4 EL Sahne/Rahm
2 EL Honig
Gemüsebrühepulver
Meersalz
Pfeffer aus der Mühle

1. Sämtliche Zutaten auf kleinem Feuer 20 Minuten köcheln lassen. Sauce pürieren und durch ein Sieb streichen. Erkalten lassen.

2

Maionese al latte di soia
Sojamilch-Mayonnaise

50 ml/0,5 dl Sojamilch

50–150 ml/0,5–1,5 dl
kaltgepreßtes Maiskeim-
oder Distelöl

Meersalz

Pfeffer aus der Mühle

1–3 EL Zitronensaft,
nach Belieben

1 Prise Kurkuma,
für die gelbe Farbe

1. Sojamilch, Zitronensaft und Meersalz im Mixerglas schaumig schlagen. Das Öl bei laufender Maschine langsam zur Sojamilch geben. So lange mixen, bis die Sauce von sämiger Konsistenz ist. 20 Minuten in den Kühlschrank stellen.
2. Varianten: Gehackte oder feingeschnittene Kräuter, z.B. Petersilie, Schnittlauch, Estragon, Basilikum, Dill, Borretsch, Kerbel, Bärlauch. – 3 gepreßte Knoblauchzehen und 1 EL Mandelstifte, auf Wunsch Cayennepfeffer. – 3 feingehackte Cornichons, feingehackte Petersilie und feingeschnittenen Schnittlauch, 1 KL Kapern. – 1 bis 2 EL Tomatenpüree. – 1 bis 2 EL Ketchup aus dem Reformhaus, wenig Orangensaft, 1 EL Crème double/Doppelrahm. – Geschlagene(r) Sahne/Rahm oder Crème double/Doppelrahm, Cayennepfeffer oder Pfefferschoten. – 100 g frischer, geriebener Meerrettich, wenig Akazienhonig, Schlagsahne/-rahm.

4

Maionese all'avocado
Avocado-Mayonnaise

300 g Avocados, gut reif

1 TL Dijonsenf

wenig Akazienhonig

$^{1}/_{2}$ Zitrone, Saft und
abgeriebene Schale

Meersalz

Pfeffer aus der Mühle

1 Knoblauchzehe, gepreßt

1 EL Schnittlauch,
fein geschnitten

kaltgepreßtes Distel-
oder Maiskeimöl

1. Avocados halbieren. Stein entfernen. Fruchtfleisch mit einem Eßlöffel herauslösen.
2. Avocadofleisch, Senf, Honig, Zitronensaft und abgeriebene Zitronenschalen pürieren. Mit Salz und Pfeffer würzen. Unter ständigem Rühren so viel Öl beigeben, bis die Sauce die gewünschte Konsistenz hat. Knoblauch und Schnittlauch dazugeben. 10 Minuten kühlen.

4

Salsa di capperi
Kapernsauce

1 große Schalotte, fein gehackt

1 KL Butter

250 ml/2,5 dl Gemüsebrühe

3 EL Sahne/Rahm

4 EL Weißwein

75 g kalte Butter

2 EL Kapern

Meersalz

Pfeffer aus der Mühle

1. Schalotten in der Butter dünsten. Mit der Gemüsebrühe ablöschen. 20 Minuten offen köcheln lassen. Sahne und Weißwein dazugeben. Wenig einköcheln lassen. Die eiskalte Butter stückchenweise mit dem Schneebesen oder Stabmixer unter die Sauce arbeiten. Sauce würzen. Kapern dazugeben.
2. Die Sauce paßt gut zu Getreideburgern, Seitan- oder Tofusteaks oder Kartoffelgerichten.

4

Salsa di pomodoro (condimento per pizze)
Tomatensauce (Pizzabelag)

1 EL Olivenöl

1 Zwiebel, fein gehackt

3 Knoblauchzehen, gepreßt

4 große Tomaten,
gut reif (ca. 400 g)

3 EL Tomatenpüree

1 Schalotte, gehackt

je 1 EL Majoran und Basilikum,
frisch,
oder 1 TL getrocknete Kräuter

1 Lorbeerblatt

1 KL Meersalz

1 Msp Honig

Pfeffer aus der Mühle

1. Tomatenspitz übers Kreuz einritzen. Kurz in kochendes Wasser geben, bis sich die Haut zu lösen beginnt. Kalt abschrecken. Haut abziehen. Halbieren, Stielansatz entfernen und zerkleinern.
2. Zwiebeln im Öl weichdünsten. Knoblauch und Schalotten kurz mitdünsten. Restliche Zutaten dazugeben. Aufkochen. Zugedeckt auf kleinem Feuer rund 45 Minuten köcheln lassen. Immer wieder rühren.
3. Sauce nach Belieben pürieren. Nachwürzen. Erkalten lassen.

Gemüse

– Das Gemüse-Eiweiß wird durch Kombination mit komplexen Kohlehydraten, konzentriertem pflanzlichem Eiweiß und nach Wunsch mit tierischem Eiweiß ideal ergänzt.

– Am gesündesten ist Gemüse aus biologischem Anbau.

– Gemüse unzerkleinert unter fließendem Kaltwasser bürsten und gründlich waschen. Erst vor der Zubereitung schälen, zerkleinern, raspeln usw.

– Gemüse schonend garen: dämpfen, dünsten. Nur wenig Wasser für den Dampfhaushalt zum Gargut geben. Kochflüssigkeit nicht weggießen, sondern weiterverwenden.

– Gegartes Gemüse nicht zu lange warm halten, auch nicht erwärmen (Vitalstoffverlust).

– Das Gemüse ersetzt den Frischkostteller nicht. Täglich ein Rohkostteller und ein Gemüsegericht ist besonders wichtig.

– ** Wichtig: Gemüse mit einem größeren Anteil Sahne/Rahm soll nicht mit tierischem Eiweiß (Fleisch, Fisch usw.) kombiniert werden. Butter durch Reform-Margarine ersetzen. Trennkostregel: Nur ein tierisches Nahrungsmittel in größerer Menge pro Mahlzeit.

4

Cipolla bianca
Weiße Zwiebeln

| 12 weiße Zwiebeln, geschält und halbiert |
| 4 EL Olivenöl |
| 2 EL Hefeflocken |
| Meersalz |
| Pfeffer aus der Mühle |
| 1 Sträußchen glattblättrige italienische Petersilie, gehackt |

1. Zwiebeln 5 Min. blanchieren.
2. Zwiebeln in eine gebutterte Ofenform füllen. Olivenöl darübergießen. Hefeflocken darauf verteilen. Würzen. Im vorgeheizten Ofen bei 180 Grad je nach Größe der Zwiebeln 30 bis 45 Minuten dünsten.
3. Zwiebelgemüse mit der Petersilie garnieren. Mit grobem Pfeffer bestreuen.

4

Fagiolini verdi con pomodori
Grüne Bohnen mit Tomaten

| 700 g zarte grüne Bohnen, geputzt |
| 2 reife Tomaten, ohne Haut und Stielansatz, gewürfelt |
| 3 EL Olivenöl |
| 3 Knoblauchzehen, gehackt |
| 3 EL Olivenöl |
| Meersalz/Pfeffer |
| 1 EL gezupfte Bohnenkrautblätter |

1. Knoblauch im Öl bräunen. Bohnen und Tomaten im Öl dünsten. Wenig Wasser und das Bohnenkraut beigeben. Würzen. Zugedeckt ca. 25 Minuten köcheln lassen. Deckel entfernen. Flüssigkeit bei hoher Temperatur einkochen lassen. Abschmecken.

4

Insalata di fagiolini con funghi e pomodori

Bohnensalat mit Pilzen und Tomaten

---

500 g zarte grüne Bohnen, geputzt

---

1 große Schalotte, geviertelt

---

6 Cherrytomaten, geviertelt

---

50 g Champignons, in Scheiben

---

wenig Zitronensaft

Sauce

---

2 EL Gemüsebrühe

---

1 KL Dijonsenf

---

2 EL Balsamico-Essig

---

4 EL kaltgepreßtes Olivenöl extra vergine

---

1 EL kaltgepreßtes Weizenkeimöl

---

1 Prise getrocknetes Bohnenkraut

Meersalz

---

grober Pfeffer aus der Mühle

Shoyu

Gemüsebrühepulver

---

1 Knoblauchzehe, gepreßt

---

1 Schalotte, fein gehackt

$^1/_2$ EL Bohnenkraut, Blättchen gezupft

---

1. Grüne Bohnen zusammen mit den Schalotten über Dampf knackig kochen. Bohnen in einem Küchentuch trocknen. Noch heiß mit der Sauce mischen. Mindestens 1 Stunde ziehen lassen.

2. Pilze 1 bis 2 Minuten mit dem Zitronensaft marinieren. Zusammen mit den Tomaten zum Bohnensalat geben.

3. Variante: Bohnenkraut durch 1 bis 2 Eßlöffel gekeimte Senfsprossen ersetzen.

4

Melanzane stufate raffreddate

Kalte geschmorte Auberginen

---

2 große Auberginen, je ca. 500 g

---

4 mittelgroße Zwiebeln, in Ringen

---

2 EL Olivenöl

---

3 reife Tomaten, ohne Haut, Stielansatz und Kerne, gewürfelt

---

4 Knoblauchzehen

---

6 EL Olivenöl

---

250 ml/2,5 dl Wasser

Petersilie, fein gehackt

Sambal Oelek oder in Öl eingelegte Pfefferschoten/Peperoncini oder Pfefferschotenöl

---

1. Auberginen längs halbieren. Fruchthälften auf der Hautseite alle 2,5 cm tief einschneiden. Mit einem Eßlöffel Salz bestreuen. Auberginen mit der Schnittfläche oben in eine große Schüssel legen. Mit Wasser bedecken. Auberginen beschweren, z.B. mit einer mit Wasser gefüllten Schüssel. 30 Minuten stehen lassen. Früchte gut abspülen. Mit einem Küchentuch trocknen.

2. Zwiebeln in ein Sieb geben. Mit einem gehäuften Eßlöffel Salz mischen. Sieb in einen Topf hängen. 30 Minuten stehen lassen. Mit handwarmem Wasser überbrausen. Zwiebeln leicht auspressen.

3. Zwiebeln und Tomaten mischen. Einschnitte der Auberginen damit satt füllen.

4. 2 Eßlöffel Olivenöl erhitzen. Auberginen mit der Hautseite unten in den Topf geben. Restliche Zwiebel-Tomaten-Mischung, Knoblauch, Olivenöl und Wasser darauf verteilen. Zugedeckt auf kleinstem Feuer 60 bis 75 Minuten schmoren. Nach Belieben mit Sambal Oelek scharf würzen. Im Kochtopf erkalten lassen.

5. Auberginen auf eine Platte legen. Mit der Sauce übergießen. Mit gehackter Petersilie garnieren.

Abbildung rechts

4

Melanzane con peperoncini

Auberginen mit Pfefferschoten

---

800 g Auberginen

---

1 EL Meersalz

---

6 EL Olivenöl

---

1 kleine Pfefferschote/Peperoncino

2–3 Knoblauchzehen, gehackt

Meersalz

Pfeffer aus der Mühle

---

6 EL Olivenöl

---

1 Bund Petersilie, gehackt

---

1. Auberginen bei zäher Haut schälen. Gemüsefrüchte würfeln. Mit Salz bestreuen. Würfel in einem Sieb über Nacht Wasser ziehen lassen. Anderntags unter fließendem Kaltwasser spülen. In einem Küchentuch trocknen.

2. Chilischote längs halbieren. Samen entfernen.

3. Olivenöl zusammen mit der Chilischote und dem Knoblauch erhitzen. Knoblauch entfernen, sobald er sich dunkel verfärbt. Die Auberginen im Öl braten. Mit Küchenpapier trocken tupfen.

4. Auberginenwürfel würzen. Mit der Petersilie bestreuen.

5. Tip: Mit gekochten Kichererbsen mischen. Auberginen können auch kalt gegessen werden.

4

Melanzane con peperoncini e pomodori

Auberginen mit Pfefferschoten und Tomaten

500 g Auberginen
40 g Butter
2 EL Olivenöl
1 große Zwiebel, in Ringen
2 Knoblauchzehen, gehackt
2 Pfefferschoten/Peperoncini, entkernt, in feinen Streifen
300 g reife Tomaten
1 Bund Basilikum, Blätter in feinen Streifen
50 ml/0,5 dl kräftige Gemüsebrühe
200 g saure Sahne/Sauerrahm, 35% Fett**
Meersalz
Pfeffer aus der Mühle

**Siehe Seite 61, 1. Spalte

1. Ganze Auberginen in reichlich Salzwasser 10 Minuten köcheln lassen. Früchte würfeln.
2. Tomatenspitz übers Kreuz einritzen. Kurz in kochendes Wasser geben, bis sich die Haut zu lösen beginnt. Kalt abschrecken. Haut abziehen. Stielansatz entfernen. Früchte würfeln.
3. Butter und Öl erhitzen. Zwiebeln, Knoblauch und Pfefferschoten im Öl 5 Minuten dünsten. Tomaten 5 Minuten mitdünsten. Auberginen und Gemüsebrühe dazugeben. Zugedeckt 30 Minuten köcheln lassen. Flüssigkeit abgießen (trinken). Saure Sahne und Basilikum unter das Gemüse mischen. Würzen.
4. Variante: Saure Sahne weglassen, dafür mit gekochten Kichererbsen mischen (dann Gruppe 1).

4

Piselli freschi cogli scalogni

Junge Erbsen mit Schalotten

500 g junge Erbsen, ohne Schoten
je 1 rote und weiße Zwiebel, geviertelt
1 Schalotte, geviertelt
2 EL Butter
Meersalz
1 Msp Honig
wenig Gemüsebrühe
italienische Petersilie

1. Schalotten und Zwiebeln in der Butter glasig dünsten. Erbsen und Honig beigeben. Auf kleinem Feuer unter ständigem Rühren leicht anbraten. Wenig Gemüsebrühe dazugeben. 2 bis 3 Minuten köcheln lassen. Abschmecken. Mit der Petersilie bestreuen.

Abbildung rechts

4

Insalata di fagioli secchi

Bohnenkernensalat

200 g frische Bohnenkerne
1 EL Kürbiskerne, geröstet
Marinade
1 EL Balsamico-Essig
4 EL kaltgepreßtes Olivenöl
1 EL kaltgepreßtes Kürbiskernöl
Meersalz
Pfeffer aus der Mühle

1. Bohnenkerne im Wasser 10 Minuten köcheln lassen. Abschütten.
2. Bohnenkerne in der Marinade 1 Stunde ziehen lassen.
3. Salat mit den Kürbiskernen garnieren.

1

Verdura fritta

Fritiertes Gemüse

je 100 g Broccoli- und Blumenkohlröschen
4 ausgelöste Artischockenböden oder kleine, zarte Artischocken, geviertelt, Heu entfernt
Auberginen- und Zucchinistäbchen
Saisongemüse, z.B. Möhren/ Karotten, Knollensellerie, Kohlrabi, in Stäbchen, knackig gegart
Kürbisblüten, bei offener Blüte Staubgefäß entfernen
Dinkelmehl, Kleie ausgesiebt
Maiskeimöl zum Fritieren
Meersalz
Pfeffer aus der Mühle
Gemüsebrühepulver
Zitronenscheiben
Fritierteig
100 g Dinkelmehl, Kleie ausgesiebt
250 ml/2,5 dl Apfelwein
2 EL Öl
Meersalz

1. Das Gemüse mit Salz und Pfeffer kräftig würzen. Mit dem Mehl bestäuben und durch den gut verrührten Teig ziehen.
2. Jede Gemüsesorte getrennt im Maiskeimöl bei 180 Grad fritieren. Mit wenig Gemüsebrühepulver und Salz würzen.
3. Fritiergemüse heiß servieren. Zitronenscheiben dazu reichen. Nach Belieben mit Dips oder Sojamilch-Mayonnaise servieren.

Abbildung rechts

1

Zucchine ripiene
Gefüllte Zucchini

4 Zucchini
2 EL Öl
2 Schalotten, fein gehackt
1 Knoblauchzehe, gepreßt
1 EL Oregano, fein gehackt
100 g Mascarpone **
1 EL Hefeflocken
Muskatnuß
Meersalz
Pfeffer aus der Mühle
2 reife Tomaten, geschält, Stielansatz entfernt, gehackt
100 ml/1 dl Gemüsebrühe
Vollkornsemmelbrösel/ -paniermehl
Oreganoblättchen

1. Zucchini längs halbieren und aushöhlen.
2. Zucchinifleisch fein pürieren oder hacken. Zusammen mit den Schalotten, dem Knoblauch und Oregano im Öl 2 Minuten dünsten. Von der Wärmequelle nehmen. Mascarpone und Hefeflokken darunterrühren. Kräftig würzen. Zucchinihälften damit füllen.
3. Tomatenwürfel in eine gebutterte Ofenform verteilen. Gemüsebrühe dazugießen. Zucchinihälften auf die Tomaten legen. Semmelbrösel darüberstreuen. Im vorgeheizten Ofen bei 200 Grad 30 Minuten garen. Oreganoblättchen als Garnitur verwenden.

4

Fagioli con pomodori
Bohnenkerne mit Tomaten

500 g frische Bohnenkerne
5 Salbeiblätter
2 Zweige Thymian, Blättchen gezupft
3 Knoblauchzehen, gehackt
400 g Tomaten, ohne Haut, Stielansatz und Kerne, gewürfelt
4 EL Olivenöl
Meersalz
Pfeffer aus der Mühle

1. Bohnen zusammen mit den Salbeiblättern in reichlich Wasser 20 bis 30 Minuten garen. Wasser weggießen.
2. Thymian und Knoblauch im Öl leicht braten. Bohnenkerne dazugeben. 3 Minuten mitdünsten. Tomaten beigeben. Würzen. 10 Minuten auf kleinem Feuer köcheln lassen.

4

Ratatouille
Ratatouille

je 1 grüner, gelber und roter Gemüsepaprika/Peperoni, halbiert, Kerne und Stielansatz entfernt, in Streifen
1 Aubergine, gewürfelt
3 Tomaten, ohne Haut, Stielansatz entfernt, gewürfelt
1 Zucchino, in Scheiben
1 Zwiebel, gehackt
4 Knoblauchzehen, gepreßt
4 EL Olivenöl
1 Lorbeerblatt
Meersalz/Pfeffer
2 EL Gemüsebrühepulver
1 EL frischer Oregano

1. Knoblauch und Zwiebeln im Olivenöl dünsten. Sämtliches Gemüse samt Lorbeerblatt dazugeben. Weichdünsten. Lorbeerblatt entfernen. Abschmecken. Oregano dazugeben.

4

Carciofi con erbe fresche
Artischocken mit frischen Kräutern

4 Artischocken

2 Knoblauchzehen, fein gehackt

1/2 Bund Majoran, fein gehackt

3 Zweige Petersilie, fein gehackt

Meersalz

Pfeffer aus der Mühle

2 EL Olivenöl

1. Bei den Artischocken Stiel wegschneiden. Äußere zähe Blätter abbrechen.
2. Knoblauch und Kräuter mischen.
3. Artischocken mit Salz und Pfeffer würzen, indem man die Blätter leicht auseinanderdrückt. Wenig Öl zwischen die Blätter träufeln. Gut zusammendrücken.
4. Artischocken mit dem Stielansatz nach oben in einen Kochtopf geben. Zur Hälfte mit Wasser bedecken. Zugedeckt 30 bis 45 Minuten dünsten.
5. Artischocken mit etwas Kochwasser übergießen. Mit einem Dip aus kaltgepreßtem Olivenöl extra vergine, Meersalz und Pfeffer warm oder kalt essen.

1

Scalogno caramellato
Karamelisierte Schalotten

150 g Schalotten, geschält, halbiert oder geviertelt

2 EL Butter

1 1/2 EL Weißweinessig

1 KL Honig

Meersalz

Pfeffer aus der Mühle

1. Schalotten in der Butter so lange braten, bis sie haselnußbraun sind. Die Schalotten dürfen noch Biß haben. Würzen. Weißwein und Honig zu den Schalotten geben. 3 Minuten unter ständigem Rühren köcheln lassen. Warm essen.
2. Tip: Auf getoasteter Vollkornbaguette oder zu jungen in der Schale gekochten Kartoffeln oder zu Risotto servieren.

4

Funghi fritti su insalata frisée
Warme Pilze auf Friséesalat

250 g frische Austernpilze, in sehr feinen Scheiben

1/2 EL Kräuterbutter

1 Knoblauchzehe

1/2 Friséesalat, klein geschnitten

1 EL Kresse oder Rettichsprossen

glattblättrige Petersilie

Marinade

1/2 Zitrone, Saft und Schale

4 EL kaltgepreßtes Olivenöl extra vergine

Meersalz

Pfeffer aus der Mühle

Shoyu

1 Knoblauchzehe, gepreßt

1. Pilze 1 bis 2 Minuten in der Kräuterbutter braten.
2. Eine flache Schüssel mit Knoblauch einreiben. Friséesalat, warme Pilze, Kresse und Petersilie darauf verteilen. Mit der Marinade beträufeln. Sofort servieren.
3. Variante: Austernpilze durch Steinpilze oder frische Shiitake-Pilze ersetzen.

4

Prataioli al forno
Ofenchampignons

400 g braune Champignons, in Scheiben

3 EL Olivenöl

2 EL gehackte Petersilie

2 Knoblauchzehen, gepreßt

Meersalz

Pfeffer aus der Mühle

1. Feuerfeste Form einfetten. Pilze einfüllen. Jede Lage mit Petersilie und Knoblauch bestreuen. Öl darüberträufeln. Pilze im vorgeheizten Ofen bei 200 Grad 10 bis 15 Min. backen. Sofort servieren.

4

Piatto di porcini
Steinpilzpfanne

1 kg Steinpilze

4 EL Olivenöl

3 Schalotten, fein gehackt

1 Knoblauchzehe, gepreßt

Meersalz

Pfeffer aus der Mühle

Gemüsebrühepulver

2 EL Weißwein

1 EL Petersilie, gehackt

1. Pilze putzen. Stiele entfernen. Pilzhüte in 1 cm breite Streifen schneiden.
2. Pilzstreifen in der Hälfte Olivenöl 3 Minuten braten. Mit Salz und Pfeffer würzen.
3. Pilzstiele hacken. Zusammen mit den Schalotten und dem Knoblauch im restlichen Öl dünsten. Würzen.
4. Pilzstreifen und Weißwein zu den gehackten Pilzen geben. 5 bis 10 Minuten köcheln lassen. Abschmecken. Petersilie darüberstreuen.

4

Asparagi verdi con due salse
Grüner Spargel mit zweierlei Saucen

1,5 kg grüner Spargel
1 Petersiliensträußchen
Basilikumsauce
200 g saure Sahne/ Sauerrahm **
4 EL Sahne/Rahm
Meersalz
Pfeffer aus der Mühle
1 Bund Basilikum oder Bärlauch, fein geschnitten
Tomatensauce
2 EL Spargelflüssigkeit
5 EL kaltgepreßtes Olivenöl extra vergine
3 EL kaltgepreßtes Sonnenblumenöl
2 EL Rotweinessig
1 KL Balsamico-Essig
Meersalz
Pfeffer aus der Mühle
1 Msp Akazienhonig
1 EL Basilikum, fein gehackt
1 große Tomate, ohne Haut, Stielansatz und Kerne, gewürfelt

** Siehe Seite 61, 1. Spalte

1. Beim Spargel unteres Drittel schälen. Enden kappen. Spargel über Dampf je nach Dicke 15 bis 20 Minuten garen. Für den Dampfhaushalt wenig Wasser in den Kochtopf geben. Gegarten Spargel in einem Küchentuch warm halten.
2. Für die Basilikumsauce sämtliche Zutaten verrühren. Gut würzen. Sauce rund 30 Minuten in den Kühlschrank stellen.
3. Für die Tomatensauce sämtliche Zutaten, außer den Tomaten-würfelchen, verrühren. Gut würzen. Sauce rund 30 Minuten in den Kühlschrank stellen. Kurz vor dem Servieren die Tomatenwürfelchen dazugeben.
4. Spargel mit dem Petersiliensträußchen garnieren. Saucen separat servieren.
5. Variante: Spargel mit kaltgepreßtem Olivenöl extra vergine beträufeln und mit grob geraspeltem Parmesan bestreuen.

4

Cetrioli alla salsa di panna
Gurken an Sahnesauce

1 kg Freilandgurken
1 Zitrone, Saft
Meersalz
50 g Butter
Pfeffer
Gemüsebrühepulver
100 g Crème double/Doppelrahm **
1 EL Dill, gehackt

** Siehe Seite 61, 1. Spalte

1. Gurken schälen, halbieren, entkernen und in 3 cm lange Stücke schneiden.
2. Gurkenstückchen in leicht gesalzenem Wasser zusammen mit dem Zitronensaft 1 Minute köcheln lassen (Kochwasser für eine Suppe verwenden). Gurken mit einem Küchentuch trocknen.
3. Butter erhitzen. Gurken beigeben. Würzen. Zugedeckt rund 3 Minuten köcheln lassen. Flüssigkeit weggießen.
4. Crème double zu den Gurken geben. 2 Minuten köcheln lassen. Würzen. Mit dem Dill bestreuen. Sehr heiß servieren.

1

Calzone di funghi
Gedeckter Pilzkuchen

300 g Vollkornblätterteig
Füllung
600 g Pilze, blättrig geschnitten
1 große Schalotte, fein gehackt
1 Knoblauchzehe, gepreßt
25 g Butter
200 g Crème double/Doppelrahm
1 EL Weißwein
1 Bund Schnittlauch, fein geschnitten
2 EL Dinkelmehl, Kleie ausgesiebt
Vollkornreismehl
Meersalz
Pfeffer aus der Mühle
Gemüsebrühepulver
3 EL Mandelblättchen

1. Für die Füllung Schalotten und Knoblauch in der Butter dünsten. Pilze beigeben. Weitere 5 Min. dünsten. Sahne, Schnittlauch und Weißwein dazugeben. Mit dem Mehl andicken. 3–4 Min. köcheln lassen. Würzen. Mandeln und Pilze mischen. Auskühlen lassen.
2. Teig halbieren. 2 gleichgroße, dünne Rechtecke ausrollen. Ein Teigblatt auf ein mit Backpapier belegtes Blech legen. Füllung darauf verteilen. Zweites Teigblatt auf die Füllung legen. Teigränder mit Wasser einpinseln. Nach oben biegen. Gut andrücken. Deckel mehrere Male mit der Gabel einstechen.
3. Pilzkuchen im vorgeheizten Ofen bei 200 Grad auf mittlerer Schiene 25 bis 30 Minuten bakken. Vor dem Servieren 10 Minuten ruhen lassen. Portionieren.

Abbildung rechts

1

Strudel con peperoni e zucchini
Zucchini-Paprika-Strudel

Teig
200 g Dinkelmehl
100 g Dinkelmehl, Kleie ausgesiebt
300 g/3 dl Sahne/Rahm
1 EL Sojavollmehl
1 Prise Salz

Füllung
1 große Zwiebel, fein gehackt
1 Knoblauchzehe, gepreßt
20 g Butter
400 g Zucchini, klein gewürfelt
200 g Gemüsepaprika/ Peperoni, klein gewürfelt
1/2 Bund Rucola/Rauke, fein geschnitten
30 g Pinienkerne
3 EL Gemüsebrühepulver
3 EL Wasser
1 EL Dinkelmehl, Kleie ausgesiebt
Meersalz
Pfeffer aus der Mühle
3 EL Hefeflocken
2 EL Weißwein
200 g saure Sahne/Sauerrahm, 35% Fett

1. Für den Teig Mehl und Salz mischen. Die Sahne dazugeben. Zu einem weichen, elastischen Teig verarbeiten. 2 Stunden zugedeckt bei Zimmertemperatur ruhen lassen.
2. Zwiebeln und Knoblauch in der Butter dünsten. Gemüsepaprika und Zucchini dazugeben. 4 Minuten dünsten. Restliche Zutaten zum Gemüse geben. Auf mittlerem Feuer 4 Minuten köcheln lassen. Gut würzen. Topfinhalt durch ein Sieb gießen, dabei Flüssigkeit auffangen.
3. Teig auf bemehltem Küchentuch 35x45 cm groß ausrollen. Gerade schneiden. Aus den Teigresten Verzierungen ausstechen. Teig leicht mehlen. Füllung darauf verteilen, dabei auf allen Seiten einen Rand von 2 cm frei lassen. Die schmalen Teigenden einschlagen. Teig mit Hilfe des Tuches in Längsrichtung einrollen.
4. Strudel mit dem Teigende oben auf ein mit Backpapier belegtes Blech legen. Verzierungen mit weniger Wasser einpinseln. Auf den Strudel kleben. Strudel mit einer Mischung aus je 1 Eßlöffel Sahne und Wasser einstreichen.
5. Strudel im vorgeheizten Ofen bei 200 Grad auf mittlerer Schiene 35 Minuten backen. Im ausgeschalteten Ofen 5 Minuten ruhen lassen.
6. Sauce erwärmen. Separat servieren.

4

Radicchio alla griglia
Gegrillter Radicchio

500 g roter Radicchio/Cicorino rosso
4 EL Olivenöl
Meersalz
Pfeffer aus der Mühle

1. Radicchio putzen, längs halbieren.
2. Radicchiohälften in eine ofenfeste Form legen. Mit dem Olivenöl beträufeln. Würzen. Im vorgeheizten Ofen bei 200 Grad 10 Minuten grillen. Öfter wenden.
3. Variante: Radicchio durch Frühlingszwiebeln ersetzen.

4

Asparagi verdi gratinati
Gratinierter grüner Spargel

1–1,5 kg grüner Spargel
1 EL Kräuterbutter
6–8 EL Sahne/Rahm **
2 EL gemischte Kräuter, z.B. Petersilie, Kerbel, Estragon, fein gehackt
Meersalz
Pfeffer aus der Mühle

** Siehe Seite 61, 1. Spalte

1. Beim Spargel unteres Drittel schälen. Enden kappen. Spargel über Dampf je nach Dicke 15 bis 20 Minuten garen. Für den Dampfhaushalt wenig Wasser in den Kochtopf geben.
2. Ofenfeste Form mit der Kräuterbutter einstreichen. Spargel hineingeben.
3. Sahne erhitzen. Kräuter beigeben. Würzen. Über den Spargel gießen.
4. Spargel im vorgeheizten Ofen bei 250 Grad auf mittlerer Schiene 2 Minuten gratinieren.

1

Tartine al pomodoro
Tomatentartelettes

für 12 Förmchen
250 g Vollkornblätterteig
6 kleine Tomaten, in Scheiben
2–3 EL gefüllte Oliven, in Scheibchen
wenig getrockneter Oregano
Kräutermeersalz
Pfeffer aus der Mühle
ca. 100 g/1 dl Sahne/Rahm

1. Teig 2 mm dick ausrollen. Für die Teigrondellen ein Förmchen stürzen und auf den Teig legen. Mit einem scharfen Messer entlang der Kante schneiden. Teigrondellen in die gebutterten Förmchen legen.
2. Teig mit wenig Öl einstreichen. Tomatenscheiben und Oliven in die Förmchen füllen. Würzen. Wenig Sahne darübergießen.
3. Tartelettes im vorgeheizten Ofen bei 200 Grad auf der untersten Schiene 30 Minuten backen. Warm oder kalt servieren.

1

Roulade di spinaci
Spinatroulade

100 g Hartweizenmehl
2 EL Sonnenblumenöl
1 Prise Salz
40–50 ml/0,4–0,5 dl Wasser
40 g Butter
Füllung
400 g blanchierter Spinat, gehackt
2 EL Butter
2 EL Öl
1 Schalotte, fein gehackt
1 Knoblauchzehe, gepreßt
Meersalz
Pfeffer aus der Mühle
Muskatnuß
100 g Mascarpone
4 EL Vollkornsemmelbrösel/-paniermehl

1. Mehl, Öl und Salz in eine Schüssel geben. So viel Wasser dazugeben, daß man einen glatten, elastischen Teig erhält. Kräftig kneten.
2. Für die Füllung Butter und Öl erhitzen. Schalotten, Knoblauch und Spinat darin schwenken. Würzen. Auskühlen lassen. Mascarpone und Vollkornsemmelbrösel dazugeben.
3. Teig auf bemehltem Küchentuch zu einem Rechteck von 5 mm Dicke ausrollen. Spinat auf den Teig streichen. Satt einrollen.
4. Spinatroulade in ein Küchentuch einschlagen. Enden mit einer Schnur binden. In kochendem Salzwasser 25 Minuten garen.
5. Roulade in Scheiben schneiden. Mit der heißen Butter übergießen.

1

Fette fritte di melanzana
Fritierte Auberginenscheiben

1 große Aubergine
Dinkelmehl, Kleie ausgesiebt
Maiskeimöl zum Fritieren
Meersalz
Pfeffer aus der Mühle

1. Aubergine in dünne Scheiben schneiden. Mit Salz bestreuen. 1 Stunde stehen lassen. Unter fließendem kaltem Wasser spülen. Mit einem Küchentuch trocknen.
2. Auberginenscheiben im Mehl wenden. Überflüssiges Mehl abklopfen.
3. Auberginenscheiben im Maiskeimöl portionenweise fritieren.
4. Fritiergut auf einem mit Küchenpapier belegten Gitter abtropfen lassen. Mit Salz und Pfeffer würzen. Sofort servieren.

4

Broccoli ai pinoli
Broccoli mit Pinienkernen

800 g Broccoli
1 EL Gemüsebrühepulver
50 g Butter **
50 g Pinienkerne

1. Broccoli in Röschen teilen. Stiele eventuell schälen.
2. Broccoli im Dampf knackig garen. Mit dem Gemüsebrühepulver würzen.
3. Pinienkerne in der Butter goldgelb rösten. Über den Broccoli verteilen. Sofort servieren.

** Siehe Seite 61, 1. Spalte

Nudeln Teigwaren

Was für den Franzosen das Soufflé und für den Engländer der gute Tee ist, sind für den Italiener die Teigwaren. Teigwaren waren immer schon die Krönung der italienischen Küche, ein Symbol des italienischen Nationalstolzes. Auch bei uns stehen sie bei Erwaschsenen und Kindern ganz oben auf der Hitliste der beliebtesten Nahrungsmittel. Selbstgemachte Vollkornteigwaren oder solche aus dem Reformhaus haben den Biß, der sich nicht nur jeder Italiener wünscht. Hier muß vor allem bei gekauften Teigwaren Qualität vor Preis kommen. Angereichert mit frischen regionalen Zutaten und vielen frischen Kräutern, also typisch italienisch, sind sie garantiert keine Dickmacher. Trennkost läßt sich bei Pasta hervorragend umsetzen, kombinieren doch die Italiener Teigwaren mit Vorliebe mit frischem Gemüse. Und wenn es einmal Fleisch oder Käse zu ersetzen gab, dann waren Tomaten, Spinat, Pilze und Tofu idealer Ersatz.

1

Impasto per tagliatelle: ricetta di base
Nudelteig – Grundrezept

350 g Hartweizen, fein gemahlen
1 Prise Meersalz
1 EL Öl
ca. 200 ml/2 dl lauwarmes Wasser

1. Mehl, Salz und Öl auf ein Backbrett oder auf die Arbeitsfläche geben. So viel Wasser dazugeben und so lange kneten, bis der Teig glatt und fest ist. Der Teig darf kräftig und ausgiebig bearbeitet werden.

2. Teig bei Zimmertemperatur unter einer Teigschüssel 1 Stunde ruhen lassen. Oder über Nacht in einem Plastikbeutel im Kühlschrank ruhen lassen. Vor dem Ausrollen nicht mehr kneten.

3. **Ohne Teigmaschine:** Arbeitsfläche mehlen (Kleie aussieben). Teig in kleinen Portionen (Tennisballgröße) rechteckig ausrollen. Dabei immer wieder von der Arbeitsfläche lösen. Kurze Zeit trocknen lassen. Teig in Längsrichtung beidseitig locker gegen die Mitte einschlagen. In die gewünschte Breite schneiden. Mit einem dünnen Holzstiel oder mit der Messerspitze unter den geschnittenen Nudeln durchfahren. Nudeln hochheben. Locker auf bemehltem Küchentuch ausbreiten. Wichtig: einmal ausgerollter Teig läßt sich nur noch schlecht zusammenfügen!

4. **Mit Teigmaschine:** Ca. 30 g Teig zu einer Wurst rollen. Maschine auf die größtmögliche Breite einstellen. Teig durch die Maschine drehen. Teig falten. Erneut durch die Maschine drehen. Rollenbreite um eine Einheit verkleinern. Teig abermals durch die Maschine drehen.

5. Nudeln mindestens 1 Stunde trocknen lassen. An einem kühlen Ort können die rohen (ungekochten) Nudeln ohne weiteres 3 Tage aufbewahrt werden. Angetrocknete Nudeln eignen sich auch zum Tiefgefrieren. Nudeln gefroren ins Kochwasser geben.

6. Reichlich Salzwasser zusammen mit 1 Eßlöffel Öl aufkochen. Nudeln beigeben. Hitze reduzieren. Je nach Dicke benötigen frische Nudeln 2 bis 3 Minuten, gelagerte und gefrorene 3 bis 6 Minuten. Öfters probieren. Nudeln mit der Schaumkelle herausnehmen. In einer Schüssel mit der flüssigen Butter mischen. Nach Belieben würzen. Sofort servieren.

7. Varianten: Für roten Teig 2 Eßlöffel Tomatenpüree mit 2 bis 4 Eßlöffeln Wasser verrühren. Die restliche Flüssigkeitsmenge entsprechend reduzieren. Bei zu feuchtem Teig wenig gesiebtes Mehl einkneten. Für grünen Teig 2 Eßlöffel pürierten Spinat beigeben. Für gelben Teig 1 Beutel Safranpulver beigeben. Anstelle von 350 g Hartweizenmehl eine Mischung aus 250 g Hartweizenmehl und 100 g gesiebtem Dinkelmehl nehmen.

8. Tip: Für eine gute Teigwarenqualität braucht es Hartweizen.

Abbildung:
Spaghetti mit Kichererbsen, Rezept Seite 74 (erste Spalte)

1

Tagliatelle: variazioni sopra un tema
Nudeln & Co – immer wieder anders

Basilikum, Estragon, Thymian oder Rucola/Rauke, fein geschnitten, gepreßter Knoblauch

Meersalz, Pfeffer aus der Mühle, kaltgepreßtes Olivenöl extra vergine

Crème double/Doppelrahm, gepreßter Knoblauch, kleingeschnittene Pfefferschoten/Peperoncini, Meersalz, Pfeffer aus der Mühle

gehackte, geröstete Pinienkerne oder Walnüsse/Baumnüsse, Meersalz, Pfeffer aus der Mühle, nach Belieben Sahne/Rahm

gekochte oder gekeimte Kichererbsen, gepreßter Knoblauch und gehackte Petersilie in Öl oder Butter dünsten, mit Meersalz und Pfeffer aus der Mühle würzen

in Butter geröstete Vollkornsemmelbrösel/ Vollkornpaniermehl, gehackte Schalotten und Petersilie, gewürfelte Pilze, gepreßter Knoblauch, Meersalz und Pfeffer aus der Mühle

gehackte, geröstete Walnüsse/ Baumnüsse, Walnuß-/ Baumnußöl, Meersalz, Pfeffer aus der Mühle

gehackte, geröstete Haselnüsse, Haselnußöl, Meersalz, Pfeffer aus der Mühle

in Olivenöl gedünsteter Knoblauch, feingehackte Petersilie, Meersalz, Pfeffer aus der Mühle

Knoblauch- oder Kräuteröl, feingehackte Petersilie, Meersalz, Pfeffer aus der Mühle

einige Eßlöffel feinste Gemüsestreifen (Julienne), je nach Saison, in Öl gebraten, Petersilie, Meersalz, Pfeffer aus der Mühle

gedünstete Champignons, Crème double/Doppelrahm, gehackte Petersilie und Schalotten

gepreßter, gebratener Knoblauch, schwarze Oliven

frische Butter, grobes Meersalz, Pfeffer aus der Mühle, Thymian oder Estragon

Walnuß-/Baumnußöl, Meersalz, Pfeffer aus der Mühle

Pestosauce (Seite 56)

Tomatensauce (Seite 58)

Tomatensauce mit Chili oder Pfefferschoten/Peperoncini, Kapern oder schwarzen Oliven

Bärlauch oder Wildkräuter, mit oder ohne Knoblauch, in Sonnenblumenöl gedünstet, grob gehackte Haselnüsse, Meersalz, Pfeffer aus der Mühle

1

Lasagne
Lasagne

Zutaten: siehe Nudelteig – Grundrezept

1. Arbeitsfläche mit gesiebtem Mehl bestäuben. Teig dünn ausrollen. Dabei immer wieder von der Arbeitsfläche lösen. Mit scharfem Messer Quadrate von ca. 10 cm Länge schneiden.
2. Quadrate 2 bis 4 Minuten kochen.

1

Tagliatelle al tartufo
Bandnudeln mit Trüffeln

300 g Vollkornbandnudeln

1 kleiner schwarzer Trüffel

$^1/_2$ Sträußchen Petersilie

Meersalz

Pfeffer aus der Mühle

50 g Butter

1. Bandnudeln in reichlich Salzwasser al dente kochen.
2. Trüffel bürsten und in hauchdünne Scheibchen hobeln. In der Butter kurz dünsten. Würzen.
3. Trüffel und Petersilie mit den Bandnudeln mischen.

1

Rigatoni con verdura e pinoli
Hohlnudeln mit Gemüse

300 g Vollkornhohlnudeln

300 g Mischgemüse, z.B. Broccoli, Zucchini, Möhren/ Karotten, Kohlrabi, frische Maiskörner, Sellerie, Lauch usw., in Stäbchen oder Röschen

1 EL Butter

3 EL Pinienkerne

Meersalz

Pfeffer aus der Mühle

Basilikum, fein geschnitten

3 EL kaltgepreßtes Olivenöl

1. Nudeln in Salzwasser al dente kochen. Während der letzten 3 Min. das Gemüse mitkochen.
2. Pinienkerne in der Butter rösten.
3. Olivenöl und Pinienkerne unter die Teigwaren mischen. Basilikum darüberstreuen.

Abbildung rechts

1

Impasto per ravioli 1
Ravioliteig 1

150 g Dinkelmehl, sehr fein gemahlen
150 g Dinkelmehl, Kleie ausgesiebt
1/2 TL Meersalz
ca. 100 ml/1 dl Wasser
2 EL Sojavollmehl
1 EL Öl
Muskatnuß
Pfeffer aus der Mühle

1. Mehl und Salz mischen. Auf die Arbeitsfläche häufen. In die Mitte eine Vertiefung drücken. Sojamehl mit dem Öl verrühren. Sämtliche Zutaten in die Vertiefung geben. Flüssigkeit mit einer Gabel sorgfältig mit dem Mehl mischen. Teig von Hand gut 10 Minuten kneten, bis er weich und elastisch ist. Bei zu trockenem Teig 1 bis 2 Eßlöffel Wasser einkneten.
2. Teig bei Zimmertemperatur unter einer Teigschüssel 1 Stunde ruhen lassen.
3. Ravioli herstellen (Variante 1). Arbeitsfläche mehlen. Teig dünn ausrollen. Mit dem Teigrädchen Rechtecke schneiden. Auf die Hälfte der Rechtecke die Füllung (Seiten 76/77) geben. Teigränder mit wenig Wasser einpinseln. Zweites Rechteck darauflegen. Die Ränder mit der Gabel festdrücken. Ravioli nebeneinander auf einem bemehlten Küchentuch 30 Minuten trocknen lassen.
4. Ravioli herstellen (Variante 2). Teig halbieren. Die eine Hälfte mit der gestürzten Teigschüssel decken. Arbeitsfläche mit gesiebtem Mehl bestäuben. Teig zu einem Rechteck ausrollen, immer wieder von der Arbeitsfläche lösen. Füllung in kleinen Portionen (ca.

1/2 Teelöffel) in Abständen von ca. 3 cm auf den Teig verteilen. Zwischenräume mit Wasser einpinseln. Zweite Teighälfte gleich groß ausrollen und auf den vorbereiteten Teigboden legen. Zwischenräume gut andrücken. Mit Teigrädchen oder rundem Ausstecher Ravioli herstellen. Ravioli auf bemehltem Küchentuch 30 Minuten trocknen lassen.
5. Reichlich Salzwasser zusammen mit 1 Eßlöffel Öl aufkochen. Ravioli beigeben. Al dente kochen. Wichtig: Das Wasser darf nicht sprudeln, sonst platzen die Ravioli. Mit der Schaumkelle herausfischen. Gut abtropfen lassen. In eine vorgewärmte Schüssel geben. Sauce nach Wahl (Seiten 55/60) dazu servieren.
6. Tip: Leicht angetrocknete Ravioli können im Kühlschrank 1/2 Tag aufbewahrt werden. Zum Tiefgefrieren die Ravioli auf einem Blech ausbreiten und vorgefrieren. Dann in Beutel füllen. Gefroren ins kochende Wasser geben. Kochzeit 4 Minuten.

1

Impasto per ravioli 2
Ravioliteig 2

200 g Hartweizenmehl
150 g Dinkelmehl, Kleie ausgesiebt
1 Prise Salz
200 ml/2 dl lauwarmes Wasser
1 EL Öl

1. Mehl, Salz und Öl mischen. So viel Wasser einkneten, bis der Teig fest und geschmeidig ist.
2. Teig unter einer Teigschüssel 2 Stunden ruhen lassen. Oder über Nacht in einem Plastikbeutel im Kühlschrank ruhen lassen.
3.–6.: siehe Ravioli 1.

1

Tortellini
Tortellini

Zutaten: siehe Ravioliteig 1

1. Auf gemehlter Arbeitsfläche Teig dünn ausrollen. Oft von der Arbeitsfläche lösen. Mit einem Ausstecher von 4 cm Durchmesser Rondellen ausstechen. In die Plätzchenmitte eine haselnußgroße Füllung geben. Teigrondelle halbmondähnlich zusammenfalten. Um den Zeigefinger wickeln. Die beiden Enden so aufeinander drücken, daß ein Teigring entsteht.
2. Tortellini auf bemehltem Tuch 30 Minuten trocknen lassen.
3. Reichlich Salzwasser mit 1 Eßlöffel Öl aufkochen. Tortellini 3 bis 5 Minuten al dente kochen.

1

Farce di spinaci per ravioli o tortellini
Ravioli- und Tortellini-Spinatfüllung

180 g Spinat, blanchiert, fein gehackt
50 g Butter
1 Zwiebel, fein gehackt
2 Knoblauchzehen, gepreßt
180 g Mascarpone
2 EL Hefeflocken
2 EL Vollkornsemmelbrösel/-paniermehl
Muskatnuß/Meersalz/Pfeffer

1. Zwiebeln und Knoblauch in der Butter dünsten. Spinat beigeben. Mitdünsten. Mit den übrigen Zutaten mischen. Erkalten lassen.

Abbildung rechts:
Ravioli mit Spinatfüllung

2
Farce di tofu
per ravioli o tortellini
Ravioli- und Tortellini-Tofufüllung

300 g Tofu, geschnetzelt
2 EL Weißwein
2 EL Petersilie, gehackt
¹/₂ TL Meersalz
Pfeffer aus der Mühle
100 g Mascarpone
1 EL weiche Butter
2 EL Hirseflocken
Meersalz
Pfeffer aus der Mühle
Gemüsebrühepulver

1. Weißwein, Petersilie, Salz und Pfeffer verrühren. Tofu dazugeben. Über Nacht im Kühlschrank marinieren.
2. Tofu, Butter und Mascarpone pürieren. Hirseflocken dazugeben. Abschmecken.

2
Farce di seitan
per ravioli o tortellini
Ravioli- und Tortellini-Seitanfüllung

200 g Seitan, feingehackt
2 EL Öl
1 Zwiebel, fein gehackt
1 Knoblauchzehe, gepreßt
1 Bund Petersilie, fein gehackt
1 EL weiche Butter
100 g Mascarpone
Meersalz
Pfeffer aus der Mühle

1. Seitan, Zwiebeln, Knoblauch und Petersilie im Öl dünsten. Erkalten lassen. Mascarpone und Butter beigeben. Würzen.

1
Cannelloni
con melanzane
Cannelloni mit Auberginen

200 g Vollkorn-Lasagneblätter, hausgemacht (Seite 72) oder gekauft
1 große Aubergine
Olivenöl
Kräutermeersalz
Vollkornsemmelbrösel/ Vollkornpaniermehl
Füllung
350 g Blattmangold oder Spinat
250 g Mascarpone
50 g Hefeflocken
2 Knoblauchzehen, gepreßt
Muskatnuß
¹/₄ TL Salz
Pfeffer aus der Mühle
1 Portion Béchamelsauce (Seite 80), Gemüsebrühe auf 300 ml/3 dl erhöhen

1. Lasagneblätter in reichlich Salzwasser al dente kochen. Auf einem Tuch erkalten lassen.

2. Aubergine in 5 mm dicke Scheiben schneiden. Auf Backpapier legen. Mit Olivenöl einpinseln und mit Kräutermeersalz bestreuen. Im vorgeheizten Ofen auf mittlerer Schiene bei 180 Grad 20 Minuten backen. Erkalten lassen.
3. Blattmangold ohne Stiele (bei zartem Spinat brauchen die Stiele nicht entfernt zu werden) im Dampf zusammenfallen lassen. Leicht ausdrücken. Mittelfein hacken. Würzen. Erkalten lassen.
4. Mangold, Mascarpone, Knoblauch und Hefeflocken mischen. Würzen. Kühl stellen.
5. Füllung auf die Lasagneblätter und Auberginenscheiben streichen. Aufrollen.
6. Cannelloni und Auberginen abwechslungsweise in eine gebutterte Ofenform füllen. Béchamelsauce darübergießen. Vollkornsemmelbrösel darüberstreuen.
7. Cannelloni im vorgeheizten Ofen auf mittlerer Schiene bei 200 Grad 35 Minuten backen.

1

Cannelloni su verdura
Cannelloni auf Gemüse

500 g Broccoli
500 g Tomaten, Stielansatz entfernt, in Spalten
250 g Vollkorn-Lasagneblätter, hausgemacht (Seite 72) oder gekauft
3 EL Crème double/Doppelrahm
Vollkornsemmelbrösel/ Vollkornpaniermehl

Cannelloni-Füllung

400 g Seitan, fein gehackt
10 g Butter
1 Zwiebel, fein gehackt
1 Bund Petersilie, fein gehackt
Meersalz
Pfeffer aus der Mühle

Béchamelsauce

1 EL Butter
1 EL Dinkelmehl
200 g/2 dl Sahne/Rahm
175 ml/1,75 dl Wasser
Meersalz
Pfeffer aus der Mühle
Muskatnuß

1. Lasagneblätter in reichlich Salzwasser al dente kochen.
2. Broccoli in Röschen brechen. Im Dampf 2 Minuten garen.
3. Broccoli und Tomatenspalten in eine ofenfeste Form füllen.
4. Gehackten Seitan, Zwiebeln und Petersilie in der Butter kurz dünsten. Würzen.
5. Füllung auf die Lasagneblätter verteilen. Einrollen. In die Form legen.
6. Für die Béchamelsauce Dinkelmehl in der Butter anschwitzen. Flüssigkeit dazugeben. Unter ständigem Rühren 5 Minuten auf kleinem Feuer köcheln lassen. Würzen.

7. Béchamelsauce über die Teigwaren gießen. Crème double darauf verteilen. Wenig Salz und Semmelbrösel darüberstreuen.
8. Cannelloni im vorgeheizten Ofen bei 200 Grad 45 Minuten backen.

1

Gratin di maccheroni
Makkaroni-Gratin

350 g Vollkorn-Makkaroni oder andere Hohlnudeln
150 g frische Pilze
1 EL Butter
2 Knoblauchzehen, gepreßt
1 Bund Petersilie, fein gehackt
1 EL Vollkornsemmelbrösel/ Vollkornpaniermehl
1 EL Hefeflocken

Guß

100 g Mascarpone
100 ml/1 dl Wasser
50 g/0,5 dl Sahne/Rahm
50 g Crème double/ Doppelrahm
Meersalz
Pfeffer aus der Mühle
1 Msp Cayennepfeffer, nach Belieben

1. Makkaroni in reichlich Salzwasser al dente kochen.
2. Pilze, Knoblauch und Petersilie in der Butter dünsten.
3. Makkaroni und Pilze mischen. In eine ofenfeste Form füllen.
4. Für den Guß sämtliche Zutaten gut verrühren. Kräftig würzen. Über die Teigwaren gießen. Vollkornsemmelbrösel und Hefeflocken mischen. Darüberstreuen.
5. Gratin im vorgeheizten Ofen bei 180 Grad 35 Minuten backen.

1

Penne all'arrabiata
Hohlnudeln mit Peperoncini

250 g Vollkornhohlnudeln
2 reife Tomaten, ohne Haut und Stielansatz, klein gewürfelt
1 kleine Pfefferschote/ Peperoncino, entkernt, in Streifen
1 EL Olivenöl
8 schwarze Oliven
3 EL Sahne/Rahm
Oregano
Meersalz
Pfeffer aus der Mühle

1. Hohlnudeln in reichlich Salzwasser al dente kochen.
2. Tomaten und Pfefferschoten im Olivenöl kurz dünsten. Sahne beigeben. Eindicken lassen. Oliven beigeben. Würzen.
3. Hohlnudeln in der Sauce erhitzen.

1

Spirali integrali ai zucchini
Vollkorn-Spiralen mit Zucchini

300 g Vollkornspiralen
400 g Zucchini, in Scheiben
6 EL Olivenöl
Meersalz
Pfeffer aus der Mühle

1. Spiralen in reichlich Salzwasser al dente kochen.
2. Zucchini im Öl unter häufigem Wenden leicht braten.
3. Spiralen mit den Zucchini erhitzen. Würzen.

1

Lasagne agli spinaci
Lasagne mit Spinat gefüllt

---
800 g zarter Blattspinat
---
300 g Möhren/Karotten
---
1 Knoblauchzehe, gepreßt
---
250 g Vollkorn-Lasagneblätter, hausgemacht (Seite 72) oder gekauft
---
Béchamelsauce
---
40 Dinkelmehl, Kleie ausgesiebt
---
60 g Butter
---
250 g/2,5 dl Sahne/Rahm
---
1 EL Crème double/Doppelrahm
---
250 ml/2,5 dl Gemüsebrühe
---
100 g Tomatenpüree

Cayennepfeffer

Meersalz
---
1 Msp Honig
---
1 Bund Basilikum, fein geschnitten

Vollkornsemmelbrösel/ Vollkornpaniermehl
---

1. Gekaufte Lasagneblätter gemäß Anweisung vorbereiten. Je nach Teigwarensorte braucht es mehr Béchamelsauce.
2. Für selbstgemachte Lasagneblätter reichlich Salzwasser zusammen mit 1 Eßlöffel Öl aufkochen. Lasagneblätter al dente kochen. Auf ein geöltes Backblech legen.
3. Mehl mit der Hälfte Butter dünsten. Sahne, Crème double und Gemüsebrühe dazugeben. Unter Rühren aufkochen. Tomatenpüree dazugeben. Unter Rühren 5 Minuten auf kleinem Feuer köcheln lassen. Würzen. Basilikum dazugeben.
4. Möhren und Knoblauch in der restlichen Butter dünsten. Spinat beigeben. Spinat zusammenfallen lassen. Mit Salz und Muskatnuß würzen.

5. Eine flache Ofenform einfetten. Boden mit Béchamelsauce decken. Wie folgt weiterfahren: 1 Lage Lasagneblätter, 1 Lage Gemüsemischung, Béchamelsauce. Abschließende Lasagneblätter mit Béchamelsauce überziehen. Vollkornsemmelbrösel darüberstreuen.
6. Lasagne im vorgeheizten Ofen bei 200 Grad 30 Minuten backen.

1

Foglie di lasagna con salsa verde
Lasagneblätter mit grüner Sauce

---
16 Vollkorn-Lasagneblätter, hausgemacht (Seite 72) oder gekauft
---
Sauce
---
4 EL Hefeflocken
---
1 Bund Basilikum, fein gehackt
---
2 EL Pinienkerne
---
100 ml/1 dl kaltgepreßtes Olivenöl extra vergine

Meersalz

Pfeffer aus der Mühle
---
4 EL heißes Teigwarenwasser
---

1. Lasagneblätter in reichlich Salzwasser al dente kochen.
2. Sauce und Lasagneblätter mischen. Abschmecken.

1

Lasagne bolognesi
Lasagne bolognesi

---
250 g Vollkorn-Lasagneblätter

Sauce bolognese (S. 56 + 58)

Béchamelsauce (siehe Lasagne mit Spinat)
---

1. Zubereitung: Siehe Lasagne mit Spinat.

1

Lasagne al tofu con salsa al mosto di mele
Tofulasagne mit Apfelweinsauce

---
8 Vollkorn-Lasagneblätter
---
250 g Tofu, in dünnen Scheiben

Petersilie gehackt, (Garnitur)

Marinade

1/2 EL Gemüsebrühepulver
---
1 EL Sojasauce
---
2 Knoblauchzehen, gepreßt
---
2 EL kaltgepreßtes Olivenöl

Apfelweinsauce
---
250 ml/2,5 dl Gemüsebrühe
---
200 g Crème double/Doppelrahm
---
100 ml/1 dl Apfelwein
---
1 roter Gemüsepaprika/ Peperoni, in kleinen Würfeln

Meersalz

Pfeffer aus der Mühle

Gemüsebrühepulver
---

1. Sämtliche Zutaten für die Marinade verrühren. Tofuscheiben mit der Marinade einstreichen. 30 Minuten stehen lassen.
2. Paprikawürfelchen im Dampf bißfest garen. Unter kaltem Wasser abschrecken.
3. Für die Apfelweinsauce die Gemüsebrühe offen bis auf wenige Eßlöffel einkochen lassen. Crème double und Apfelwein dazugeben. Aufkochen. Paprikawürfel beifügen. Abschmecken.
4. Tofuscheiben in Olivenöl beidseitig braten.
5. Lasagne al dente kochen.
6. Anrichten auf vorgewärmten Tellern: Lasagneblatt, gebratene Tofuscheiben, Apfelweinsauce, Lasagneblatt, Apfelweinsauce. Petersilie darüberstreuen.

Abbildung rechts

1

Penne con funghi e salvia
Hohlnudeln mit Pilzen und Salbei

300 g Vollkornhohlnudeln
200 g Steinpilze oder Austernpilze, in Scheiben
1 Schalotte, fein gehackt
1 EL Butter
5 große Salbeiblätter, gehackt
1 EL Hefeflocken
Gemüsebrühepulver
200 g/2 dl Sahne/Rahm
Meersalz
Pfeffer aus der Mühle

1. Hohlnudeln in reichlich Salzwasser al dente kochen.
2. Schalotten in der Butter dünsten. Pilze und Salbei beigeben. 3 Minuten dünsten. Hefeflocken und Gewürze beigeben. Mit der Sahne auffüllen. 3 Minuten auf kleinem Feuer köcheln lassen.
3. Pilzsauce mit den Teigwaren mischen. Erhitzen. Abschmecken.

1

Spaghetti all'aglio
Spaghetti mit Knoblauchsauce

1 Portion Vollkornspaghetti, gekocht (roh 250 g)
2 EL Olivenöl
3–4 Knoblauchzehen, sehr fein gehackt
Meersalz
Pfeffer aus der Mühle

1. Knoblauch im Öl dünsten. Mit der Gabel zerdrücken. Mit Salz und Pfeffer würzen.
2. Knoblauchsauce mit den heißen Spaghetti mischen.

1

Spaghetti al basilico
Spaghetti mit Basilikumsauce

1 Portion Vollkornspaghetti, gekocht (roh 250 g)
2 EL Pinienkerne
4 EL Olivenöl
1 Knoblauchzehe, gepreßt
$1/2$ Bund Basilikum, klein geschnitten
Meersalz
Pfeffer aus der Mühle

1. Pinienkerne ohne Fettstoff rösten.
2. Pinienkerne, Basilikum, Knoblauch, Salz und Pfeffer im Mörser zerstoßen. Das Öl in kleinen Mengen unter die Paste rühren. Die Sauce sollte von cremiger Konsistenz und frischer grüner Farbe sein.
3. Basilikumsauce mit den heißen Spaghetti mischen.

1

Spaghetti con zucchini
Spaghetti mit Zucchini

1 Portion Vollkornspaghetti, gekocht (roh 250 g)
2 Zucchini, fein gewürfelt
4 EL Olivenöl
1 Knoblauchzehe, zerkleinert
1 Msp Chilipulver (fakultativ) oder
1 kleine Pfefferschote/ Peperoncino, entkernt, klein geschniten
$1/2$ Sträußchen Petersilie
Meersalz
1 KL kaltgepreßtes Olivenöl

1. Knoblauch und Chilipulver im Öl bräunen. Knoblauch entfernen. Zucchini beigeben und braten.

Würzen. Auf einem Küchenpapier abtropfen lassen.
2. Kaltgepreßtes Olivenöl, Zucchini und Petersilie auf die heißen Spaghetti verteilen.

1

Spaghetti all'aglio orsino
Spaghetti mit Bärlauchsauce

1 Portion Vollkornspaghetti, gekocht (roh 250 g)
Sauce
1 Bund Bärlauch, ca. 60 g, fein gehackt
1 EL Hefeflocken
2 EL Haselnußöl
2 EL kaltgepreßtes Sonnenblumenöl
Meersalz
Pfeffer aus der Mühle

1. Sämtliche Zutaten für die Sauce verrühren.
2. Heiße Spaghetti in vorgewärmten Tellern anrichten. Bärlauchsauce darauf verteilen. Sofort servieren.
3. Tip: Die Sauce (mit Öl decken) kann in einem gut schließenden Glas mit Schraubverschluß im Kühlschrank eine Woche aufbewahrt werden.
4. Variante: Bärlauchblätter durch junge Brennesselblätter ersetzen.

Abbildung:
Cannelloni mit Seitanbolognese, Rezept Seite 78

Brot – Pizza

Die italienische Küche hat im Laufe von Generationen Gerichte hervorgebracht, die durch ihre Einfachheit bestechen. Die neapolitanische Original-Pizza zum Beispiel besteht vor allem aus einem duftigen Brotteig und wird nur sehr sparsam mit Frischprodukten aus der Region belegt. Es empfiehlt sich also, die vielen möglichen Zutaten nicht zu dick aufzutragen, damit der dünne Pizzaboden nicht durch zuviel Flüssigkeit an Knusprigkeit verliert. Aus dem Pizzateig lassen sich übrigens auch Brot und Brötchen, auch die italienischen Crostini, im Handumdrehen backen.

1
Pane ticinese
Tessinerbrot

1 Portion Pizzateig (Seite 85), jedoch anstelle des Öls 100 g flüssige, handwarme Butter

1. Pizzateig zu einem Rechteck ausrollen. Die Längsseite soll so lang wie die Kasten-/Cakeform sein. Teig in Längsrichtung satt einrollen. Teigrolle in 5 cm lange Stücke schneiden. Diese etwas in die Länge ziehen, so daß sie quer in die eingefettete Kasten-/Cake-form passen. Rollen nebeneinander in die Form legen. In der Mitte in Längsrichtung mit einem scharfen Messer 2 cm tief ein-schneiden. 30 Minuten gehen lassen.
2. Tessinerbrot im vorgeheizten Ofen auf mittlerer Schiene zuerst 20 Minuten bei 220 Grad, dann 30 Minuten bei 180 Grad backen.

1
Piccoli pani al ramerino
Rosmarinbrötchen

1 Portion Pizzateig (Seite 85)

1 EL Sultaninen

1 Zweig Rosmarin, Nadeln abgestreift

3 EL Öl

1. Sultaninen in warmem Wasser 10 Minuten einweichen. Gut aus-drücken und trocknen.
2. Rosmarinnadeln im Öl leicht anbraten (nicht verbrennen!). Öl filtern. Auskühlen lassen.
3. Rosmarinöl in die Mitte des Piz-zateigs gießen. Gut einkneten. Sultaninen gleichmäßig in den Teig einarbeiten.
4. Mit geölten Händen kleine Bröt-chen formen. Kreuzweise ein-schneiden. 30 Min. gehen lassen.
5. Rosmarinbrötchen im vorge-heizten Ofen bei 200 Grad 15 bis 20 Minuten backen.

1
Piccoli pani
Brötchen

1 Portion Pizzateig (Seite 85)

Pinienkerne oder Nüsse oder Sesamsamen oder Sonnen-blumenkerne oder Kürbiskerne

Sesamsamen

1. In den Pizzateig Kerne, Nüsse oder Samen einkneten.
2. Teig in Portionen von 100 g tei-len. Brötchen formen. Brötchen nach Belieben in Sesamsamen drehen. 30 Minuten zugedeckt gehen lassen.
3. Brötchen in der Mitte des auf 220 Grad vorgeheizten Ofens auf mittlerer Schiene 20 bis 25 Minuten backen.

1

Focaccia al ramerino
Rosmarin-Fladenbrot

1 Portion Pizzateig (s. rechts)

Olivenöl

1 EL frische Rosmarinnadeln

Meersalz

Pfeffer aus der Mühle

1. Teig zu einer Rondelle von 1 cm Dicke ausrollen. Rondelle auf ein mit Backpapier belegtes Blech legen. Mit Olivenöl einpinseln. Rosmarinnadeln darauf streuen. Mit einem nassen Eßlöffel leicht andrücken. Mit Salz und Pfeffer würzen. 10 Minuten gehen lasen.
2. Rosmarin-Fladenbrot im vorgeheizten Ofen bei 200 Grad auf der untersten Schiene 20 Minuten backen.
3. Fladenbrot lauwarm essen.
4. Varianten: Rosmarin durch Oregano oder gehackten Knoblauch ersetzen. Oder mit frischem Pesto heiß servieren.
5. Tip: Aus dem Pizzateig lassen sich auch Brote herstellen.

1

Pane da tostare
Toastbrot

1 Portion Pizzateig (s. oben rechts), jedoch das Öl durch 100–150 g/1–1,5 dl Sahne/Rahm ersetzen

1. Pizzateig zu einem Rechteck ausrollen. Die Längsseite soll so lang wie die Kasten-/Cakeform sein. Teig in Längsrichtung satt einrollen. In die gefettete Form legen. 30 Minuten gehen lassen.
2. Toastbrot im vorgeheizten Ofen auf der untersten Schiene 20 Minuten bei 220 Grad, dann 30 Minuten bei 180 Grad backen.

3. Das Toastbrot kann nach einem Tag in Scheiben geschnitten werden. Die Scheiben eignen sich auch zum Tiefgefrieren. Scheiben gefroren in den Toaster geben.
4. Varianten: 50–80 g entsteinte schwarze Oliven, grob gehackt, vor dem zweiten Gehenlassen in den Teig einkneten. Gleich verfahren mit 100 g grob gehackten Walnüssen/Baumnüssen.

1

Pane baghetta integrale
Vollkornbaguette

1 Portion Pizzateig (s. rechts)

1. Teig in 2 oder 3 Portionen teilen. Jede Portion auf bemehlter Arbeitsfläche (Mehl sieben) gut kneten. Dünne Brote (Baguettes) formen.
2. Baguettes auf ein mit Backpapier belegtes Blech legen. Mit einem Geschirrtuch decken. 30 Minuten gehen lassen.
3. Jedes Brot 2- bis 3mal schräg einschneiden.
4. Baguettes in der Mitte des auf 220 Grad vorgeheizten Ofens auf mittlerer Schiene je nach Größe 20 bis 30 Minuten backen. Brot 5 Minuten vor Ende der Backzeit mit Wasser einpinseln.

1

Impasto per pizze: ricetta di base
Pizzateig – Grundrezept

für 2 runde Kuchenbleche von 25 cm Durchmesser oder ein großes, rechteckiges Blech

250 g Dinkelmehl, fein gemahlen

250 g Dinkelmehl, Kleie ausgesiebt

1 1/2 TL Kräutermeersalz

20–40 g Hefe

300 ml/ 3 dl Wasser

5 EL Olivenöl

1. Hefe mit einem Teil Wasser verrühren. Olivenöl und Salz zum restlichen Wasser geben. Die beiden Flüssigkeiten mit dem Mehl mischen. 10 Minuten kneten.
2. Teig unter der Teigschüssel bei Zimmertemperatur 90 Minuten gehen lassen. Oder Teig in einem Plastikbeutel für 8 bis 12 Stunden in den Kühlschrank stellen. Teig vor der Weiterverarbeitung 30 Minuten bei Zimmertemperatur stehen lassen.
3. Pizzateig nochmals kräftig kneten. Auf bemehlter Arbeitsfläche 1 cm dick ausrollen. Teigrondelle in die eingefettete Form legen.
4. Sauce auf den Pizzaboden verteilen, dabei 1 cm Rand freilassen. Boden nach Belieben belegen (siehe nachfolgende Varianten). Gut würzen.
5. Pizza vor dem Backen nochmals 10 Minuten gehen lassen.
6. Pizza je nach Teigdicke und Belag im vorgeheizten Ofen bei 220 bis 250 Grad auf der untersten Schiene 20 bis 30 Minuten backen.

1

Pizza ai funghi
Pilzpizza

Tomatensauce (Seite 60)
Pizzateig (Seite 85)
1 Zwiebel, in feinen Ringen
3 Knoblauchzehen, gehackt
200 g frische Steinpilze oder je 100 g frische Champignons und Shiitake-Pilze, in Streifen
1 gelber Gemüsepaprika/ Peperoni, in Streifen
2 EL Olivenöl
Meersalz
Pfeffer aus der Mühle
1 EL Majoranblättchen

1. Zwiebeln, Knoblauch, Gemüsepaprika und Pilze im heißen Olivenöl 5 Minuten dünsten. Gut würzen. Erkalten lassen.
2. Wenig Tomatensauce auf den Pizzaboden streichen. Das Gemüse darauf verteilen. Majoranblättchen darüberstreuen.
3. Pizza backen: siehe Grundrezept (Seite 85).

1

Focaccia
Pizzafladen

1 Portion Pizzateig (Seite 85)

1. Teig in 4 Portionen teilen. Mit dem Nudelholz flach drücken. Dann in Rondellen von 1 cm Dicke ausrollen.
2. Eine große Eisenpfanne erhitzen. Sobald die Pfanne sehr heiß ist, eine Teigrondelle hineingeben. Fladen ohne Fettstoff beidseitig braten, bis er knusprig ist. Immer wieder mit der Gabel einstechen und wenden. Fladen auf einem Gitter erkalten lassen.

1

Pizza al pomodoro
Tomatenpizza

1 Portion Pizzateig (Seite 85)
500 g Tomaten
4 Knoblauchzehen, gehackt
einige Eßlöffel Olivenöl
Oregano
Meersalz
Pfeffer aus der Mühle

1. Tomatenspitz übers Kreuz einritzen. Kurz in kochendes Wasser geben, bis sich die Haut zu lösen beginnt. Kalt abschrecken. Haut abziehen, Stielansatz kreisförmig herausschneiden. Früchte in Scheiben schneiden. Kerne entfernen.
2. Tomatenscheiben auf den Pizzaboden verteilen. Knoblauch darüberstreuen. Würzen. Olivenöl darüberträufeln.
3. Pizza backen: siehe Grundrezept (Seite 85).

1

Pizza alle cipolle bianche
Pizza mit weißen Zwiebeln

1 Portion Pizzateig (Seite 85)
4 große weiße Zwiebeln, grob gehackt
grobes Meersalz
reichlich Pfeffer aus der Mühle
Olivenöl

1. Zwiebeln auf den Pizzaboden verteilen. Gut würzen. Olivenöl darüberträufeln.
2. Pizza backen: siehe Grundrezept (Seite 85)

1

Pizza con olive, capperi e zucchine
Pizza mit Oliven, Kapern und Zucchini

1 Portion Pizzateig (Seite 85)
300 g frisches Tomatenmark (ca. 600 g Tomaten enthäuten, Stielansatz und Kerne entfernen, durch ein Sieb drücken)
1 Knoblauchzehe, gehackt
2 EL Tomatenmark
3 EL Olivenöl
trockener Oregano
$1/2$ Zucchino, in spaghettiähnlichen Streifen
20 schwarze Oliven
1 EL Kapern
Meersalz
Pfeffer aus der Mühle

1. Knoblauch, Tomatenmark, Olivenöl und Oregano zum frischen Tomatenmark geben. Würzen.
2. Tomatensauce auf den Pizzaboden streichen. Oliven und Kapern darauf verteilen. Würzen. Olivenöl darüberträufeln.
3. Pizza backen: siehe Grundrezept (Seite 85).
4. Pizza vor dem Servieren mit den rohen Zucchinistreifen garnieren.

Abbildung rechts

Pizza agli spinaci
Spinatpizza

1 Portion Pizzateig (Seite 85)
1 Portion Spinatfüllung (Ravioliffüllung Seite 76, jedoch 500 g Spinat)
Meersalz
Pfeffer aus der Mühle

1. Den im Dampf zusammenge-fallenen Spinat gut abtropfen las-sen und Flüssigkeit ausdrücken. Erkalten lassen. Weitere Schritte gemäß Ravioliffüllung und Grund-rezept Pizza.
2. Pizza backen: siehe Grundre-zept (Seite 85).

Pizza alle cipolle soffritte
Pizza mit gedünsteten Zwiebeln

1 Portion Pizzateig (Seite 85)
700 g Zwiebeln, in feinen Ringen
80 g Butter
1 EL Akazienhonig
Meersalz
Pfeffer aus der Mühle

1. Butter erhitzen. Zwiebeln beige-ben. Auf kleiner Stufe 30 Minuten dünsten. Immer wieder rühren. Honig beigeben. Würzen. Zwie-beln erkalten lassen. Auf den Teigboden verteilen.
2. Pizza backen: siehe Grundre-zept (Seite 85).

Pizza alla verdura
Gemüsepizza

1 Portion Pizzateig (Seite 85)
verschiedene Saisongemüse (Zucchini, Lauch, Champignons, Broccoli, Tomaten, Oliven usw.)
Meersalz
Pfeffer aus der Mühle
150 g/1,5 dl Sahne/Rahm

1. Gemüse klein schneiden. Im Dampf knackig garen. Erkalten lassen. Tomaten, Champignons, Oliven usw. können roh verwen-det werden.
2. Pizzaboden mit dem Gemüse belegen. Sahne darüberträufeln. Gut würzen.
3. Pizza backen: siehe Grundre-zept (Seite 85).

Pizza ai prataioli
Champignonspizza

1 Portion Pizzateig (Seite 85)
600 g frische Champignons, in feinen Scheiben
4 Knoblauchzehen, grob gehackt
6 EL Olivenöl
2 Sträußchen Petersilie, gehackt
Meersalz
Pfeffer aus der Mühle

1. Knoblauch im Olivenöl anbra-ten. Knoblauch entfernen. Pilze und Petersilie im Knoblauchöl 5 Min. dünsten. Gut würzen. Erkalten lassen.
2. Pilze auf den Pizzaboden ver-teilen. Wenig Öl darüberträufeln.
3. Pizza backen: siehe Grundre-zept (Seite 85).

Mais
Reis

Wenn in der italienischen Küche das Wort Mais fällt, dann muß es sich um Polenta handeln. Eine Polenta, ob fein (Grieß) oder grob (Bramata) gemahlen, verlangt die volle Aufmerksamkeit des Kochs oder der Köchin: Sie will gerührt sein und noch einmal gerührt. Wenn man sie ihrem Schicksal überläßt, klebt sie rasch am Topfboden. Je gröber der Mais, desto länger die Kochzeit und je größer der Flüssigkeitsbedarf. Die typische Polenta ist saftig und leicht cremig.

Die Reisfelder im südlichen Piemont gehören zu den größten Reiskulturen Europas. Reis spielt in vielen Regionen Italiens eine wichtige Rolle in der täglichen Ernährung, denken wir nur an die vielen Risotto-Variationen. Am besten gelingt der Risotto mit einem Rundkornreis. Ein richtiger Risotto, so wie ihn der Italiener liebt, ist saftig und cremig, fast fließend, niemals pappig oder klebrig.

1
Anello di polenta con peperoni
Polentaring mit Paprikagemüse

250 g Bramata-Mais
1 l Gemüsebrühe
1 Knoblauchzehe, gepreßt
2 EL Hefeflocken
40 g Butter
Sesamsamen
Paprikagemüse
1 Zwiebel, in Ringen
1 Schalotte, fein gehackt
3 Knoblauchzehen, gepreßt
3 EL Olivenöl
500 g rote und gelbe Gemüsepaprika/Peperoni, in Streifen
3 Tomaten, ohne Haut und Stielansatz, gewürfelt
2 Gemüsebrühewürfel
100–200 g Crème double/Doppelrahm
Meersalz
Pfeffer aus der Mühle
2 EL Basilikum, gehackt

1. Für den Mais Gemüsebrühe aufkochen. Bramata-Mais einrühren. Aufkochen. Auf kleinem Feuer 45 Minuten köcheln lassen. Nach 10 Minuten Hefeflocken, Knoblauch und Butter beigeben.
2. Reisring einbuttern. Mit Sesamsamen bestreuen. Mais in die Form füllen. Glatt streichen. 5 Minuten stehen lassen. Stürzen.
3. Für das Paprikagemüse Zwiebeln, Schalotten und Knoblauch im Öl dünsten. Das Gemüse beigeben. Weitere 3 Minuten dünsten. Mit den Gemüsebrühewürfeln würzen. 15 bis 20 Minuten zugedeckt köcheln lassen. Kochflüssigkeit abseihen (trinken).

Crème double beigeben. Erhitzen. Mit Salz und Pfeffer würzen. Basilikum darunterrühren.
4. Paprikagemüse in den Polentaring füllen.
5. Varianten: Mit einer Steinpilzsauce. Dafür 300 g Steinpilze in Streifen schneiden. Zusammen mit 30 g Frühlingszwiebeln und 1 gehackten Knoblauchzehe in 60 g Butter kurz dünsten. Mit 200 g Crème double ablöschen. 2 bis 3 Minuten köcheln lassen. 2 Eßlöffel gehackte Petersilie dazugeben. – Oder 1 kleinen weißen Trüffel fein hobeln. Über die fertige Polenta streuen. Mit Pfeffer aus der Mühle würzen. Wenig flüssige Butter darüberträufeln.

1
Fettine di polenta con mandorle
Maisplätzchen mit Mandeln

300 ml/3 dl Wasser
200 g/2 dl Sahne/Rahm
1 Gemüsebrühewürfel
125 g Maisgrieß
25 g Mandelstifte, geröstet
flüssige Butter
3 EL Mandelblättchen

1. Wasser, Sahne und Gemüsebrühewürfel aufkochen. Mais und geröstete Mandelstifte dazugeben. Unter ständigem Rühren 5 Minuten köcheln lassen. Zugedeckt auf der ausgeschalteten Herdplatte 15 Minuten nachquellen lassen.
2. Polenta auf angefeuchteter Arbeitsfläche flach ausstreichen. Erkalten lassen.
3. Von der Polenta beliebige Formen schneiden oder ausstechen. In den Mandelblättchen drehen. Andrücken. Maisplätzchen in der Bratbutter beidseitig braten.

1

Gnocchi di mais con porcini
Maisgnocchi mit Steinpilzsauce

$^3/_4$ l Wasser
2 Gemüsebrühewürfel
95 g Buchweizenmehl
100 g Maisgrieß
75 g Butter
4 EL Hefeflocken
Steinpilzsauce
18 g getrocknete Steinpilze
1 Sproß Stauden-/ Stangensellerie, in kleinen Würfeln (Brunoise)
1 Möhre/Karotte, in kleinen Würfeln (Brunoise)
$^1/_2$ Bund Petersilie, fein gehackt
1 Schalotte, fein gehackt
1 Knoblauchzehe, fein gehackt
300 g Tomaten, geschält, Stielansatz entfernt, entkernt und gewürfelt
1 EL Olivenöl
40 g Butter
1 EL Tomatenmark
$^1/_4$ TL Honig
100 g saure Sahne/Sauerrahm, 35% Fett
Meersalz
Pfeffer aus der Mühle
1 Lorbeerblatt
Gomasio
Butter

1. Pilze 30 Minuten in lauwarmem Wasser einweichen.

2. Für die Polenta Wasser und Gemüsebrühewürfel aufkochen. Buchweizenmehl und Mais einstreuen. Unter öfterem Rühren 30 Minuten auf kleinem Feuer köcheln lassen. Nach 20 Minuten Butter und Hefeflocken dazuge-ben. Die noch heiße Polenta auf einer flachen, unter kaltem Wasser gespülten Unterlage 1 cm dick ausstreichen. Erkalten lassen.

3. Pilze gut ausdrücken, dabei Einweichwasser auffangen. Pilze fein hacken.

4. Gemüse, Schalotten, Knoblauch und Pilze in der Öl-/Buttermischung 10 Minuten dünsten. Tomatenmark und Gemüse beigeben. Zugedeckt auf kleinem Feuer 25 Minuten köcheln lassen. Lorbeerblatt entfernen. Saure Sahne beigeben. Mit dem Einweichwasser auf die gewünschte Konsistenz verdünnen. Würzen.

5. Vom Maisteig mit einem runden Ausstecher Rondellen ausstechen. Diese lagenweise in eine gebutterte Ofenform füllen. Jede Lage mit einigen Eßlöffeln Pilzsauce und einigen Butterflokken belegen. Letzte Lage mit Gomasio bestreuen.

6. Maisgnocchi im vorgeheizten Ofen bei 200 Grad 15 Minuten überbacken.

1

Gnocchi di mais al burro e salvia
Maisgnocchi mit Salbeibutter

$^1/_2$ l Gemüsebrühe
125 g Maisgrieß
2 Knoblauchzehen, gepreßt
2 EL Olivenöl
12 Salbeiblätter, gehackt
100 g Butter
Gemüsebrühepulver

1. Gemüsebrühe aufkochen. Mais einstreuen. Gut rühren. 30 Minuten auf kleinem Feuer köcheln lassen. Den im Öl gedünsteten Knoblauch zum Mais geben.

2. Polenta in eine möglichst große, mit kaltem Wasser ausgespülte Form gießen und 1 cm dick ausstreichen. Erkalten lassen.

3. Polenta in beliebige Formen schneiden. In eine gebutterte Gratinform füllen. Mit Gemüsebrühepulver würzen. Gehackten Salbei und Butterstückchen darauf verteilen.

4. Maisgnocchi im vorgeheizten Ofen bei 220 Grad auf mittlerer Schiene 15 Minuten überbacken.

1

Palle di polenta su ratatouille
Polentakugeln auf Ratatouille

100 g Maisgrieß
250 ml/2,5 dl Wasser
1 Gemüsebrühewürfel
2 Knoblauchzehen, gepreßt
2 EL Hefeflocken
Pfeffer aus der Mühle
1 EL Schnittlauch, fein geschnitten
50 g flüssige Kräuterbutter

1. Mais ins kochende Wasser streuen. Mit dem Gemüsebrühewürfel und dem Knoblauch würzen. Unter ständigem Rühren auf kleinem Feuer 5 Minuten quellen lassen. Hefeflocken beigeben. Würzen. Auskühlen lassen. Schnittlauch beigeben.

2. Von der Maismasse mit angefeuchteten Händen kleine Kugeln formen.

3. Maiskugeln in schwach kochendem Salzwasser 10 bis 12 Min. ziehen lassen. Vorsichtig herausnehmen. Mit Kräuterbutter beträufeln. Maiskugeln auf der Ratatouille (Seite 66) zugedeckt auf kleinem Feuer erwärmen.

Abbildung rechts

1

Polenta ripiena
Gefüllte Polentaküchlein

100 g Maisgrieß, mittelfein
$^1/_2$ l Sojamilch
1 Gemüsebrühewürfel
1 Knoblauchzehe, gepreßt
1 EL Hefeflocken
vegetarische Paste mit Kräuter
Dinkelmehl, Kleie ausgesiebt
3 EL Vollkornsemmelbrösel/ -paniermehl
5 EL Sahne/Rahm
Bratbutter

1. Sojamilch und Gemüsebrühe-würfel aufkochen. Mais einrüh-ren. Knoblauch und Hefeflocken dazugeben. Auf kleinem Feuer 10 Minuten köcheln lassen.
2. Polenta auf angefeuchteter Arbeitsfläche 5 mm dick aus-streichen. Auskühlen lassen.
3. Rondellen ausstechen. Die Hälfte der Rondellen mit vegetari-scher Paste einstreichen. Zweite Rondelle drauflegen. Polenta-küchlein zuerst im Mehl, dann in der Sahne und zuletzt in den Voll-kornsemmelbröseln wenden.
4. Küchlein in der heißen Bratbut-ter beidseitig braten.

1

Risotto ai funghi
Risotto mit Pilzen

250 g Rundkornvollreis
1 EL Butter
1 EL Olivenöl
1 Knoblauchzehe, gepreßt
1 Schalotte, fein gehackt
10 g getrocknete Steinpilze
1 Lorbeerblatt
600–1000 ml/6–10 dl kochendes Wasser
200 ml/2 dl Weißwein
1 Beutel Safranpulver oder einige Safranfäden
2 Gemüsebrühewürfel
Meersalz
Pfeffer aus der Mühle
2 EL Crème double/Doppelrahm
2 EL Hefeflocken
2 EL Mineralwasser

1. Pilze in lauwarmem Wasser 15 Minuten einweichen. Ausdrük-ken. Flüssigkeit für den Risotto verwenden.
2. Butter und Olivenöl erhitzen. Zwiebeln und Knoblauch darin dünsten. Reis, Pilze und Lorbeer-blatt beigeben. So lange dünsten, bis der Reis glasig ist. Die Hälfte des kochenden Wassers zum Reis geben. Zugedeckt unter zeit-weiligem Rühren 10 Minuten köcheln lassen. Nach und nach Weißwein und restliches Wasser und nach 20 Minuten Safran und Gemüsebrühewürfel dazugeben. Der Reis soll immer leise kochen. Kochzeit ca. 60 Minuten. Der gegarte Reis soll noch leicht Biß haben und sehr feucht sein. Kurz vor Ende der Garzeit Sahne, Hefe-flocken und Mineralwasser unter den Reis rühren. Abschmecken. Auf der ausgeschalteten Koch-platte zugedeckt 15 Minuten

nachquellen lassen. Lorbeerblatt entfernen.
3. Varianten: Vollreis durch Din-kel, Grünkern, Hafer, Gerste oder Weizen ersetzen. Dinkel, Gerste und Weizen über Nacht in kaltem Wasser einweichen. Die Kochzeit ist etwas länger. – Reis mit Hafer oder Rollgerste oder Wildreis mischen. – Weißwein durch Rot-wein ersetzen. – 2 Eßlöffel fein gehacktes Gemüse, z.B. Lauch, Stauden-/Stangensellerie, Möh-ren/Karotten mit dem Knoblauch und den Schalotten mitdünsten. – 200 g frische Erbsen 5 Minuten vor Ende der Garzeit beigeben. – 2 kleingewürfelte Tomaten (ohne Haut) mit dem Knoblauch und den Schalotten mitdünsten. – Safran durch 2 EL Tomatenpüree ersetzen. – Für einen scharfen Risotto zusätzlich 1 kleingeschnit-tene, entkernte Pfefferschote/ Peperoncino mitdünsten. – Vor Ende der Kochzeit 250 g blan-chierten kleinblättrigen Spinat und 50 g geröstete Walnüsse/ Baumnüsse beifügen. – 1 Bund Rucola oder Basilikum in Streifen in wenig Butter dünsten. Zusam-men mit 40 g Walnüssen/Baum-nüssen dem fertigen Reis beige-ben. – Vor Ende der Kochzeit 1 kleinen schwarzen Trüffel, gehobelt, 5 grobgehackte Wal-nüsse/Baumnüsse, 2 EL Sahne/ Rahm und nach Belieben 1 EL weißen Martini mit dem Reis mischen.

Abbildung rechts

1
Crocchette di riso
Reisbratlinge

200 g Rundkornvollreis, grob geschrotet
75 g Dinkelmehl
2 Knoblauchzehen, gepreßt
100 g vegetarische Kräuterpaste
1 Zwiebel, fein gehackt
100 g Möhren/Karotten, geraspelt
2 EL Petersilie, gehackt
$1/2$ KL getrockneter Majoran
Meersalz
Pfeffer aus der Mühle
Gemüsebrühepulver
6-8 EL Vollkornsemmelbrösel/ -paniermehl
Mandelblättchen, zum Drehen
Bratbutter

1. Reisschrot mit 200 ml/2 dl heißem Wasser übergießen. Über Nacht quellen lassen.
2. Reisschrot mit den übrigen Zutaten mischen. Pikant würzen. 1 Stunde stehen lassen.
3. Aus der Masse Burger formen. In den Mandelblättchen drehen.
4. Bratlinge bei mittlerer Temperatur in der Butter beidseitig braten, ca. 10 Minuten.
5. Mit einer Sauce nach Wahl oder mit Tomatenketchup (Seite 59) servieren.

1
Soufflé di riso
Reisauflauf

1 Portion gekochter Reis nach Wahl
100 g vegetarische Kräuterpaste
1 kleiner roter Gemüsepaprika/ Peperoni, gewürfelt
6 Cornichons, in Scheibchen
6 entsteinte schwarze Oliven, in Ringen
30 g eingeweichte Steinpilze, klein geschnitten
2 EL flüssige Butter
1 EL Volllkornsemmelbrösel/ -paniermehl
1 EL Hefeflocken
1 Bund Schnittlauch, fein geschnitten

1. $1/3$ Reismenge in eine gebutterte Ofenform geben. Die Hälfte Gemüsepaprika, Cornichons, Oliven und Steinpilze auf den Reis verteilen. Fortfahren mit $1/3$ Reis, dem Gemüse und abschließen mit dem restlichen Reis. Auf die einzelnen Lagen Stückchen der Kräuterpaste geben. Mischung von Vollkornsemmelbröseln und Hefeflocken sowie flüssiger Butter darauf verteilen.
2. Reisauflauf im vorgeheizten Ofen bei 200 Grad auf mittlerer Schiene ca. 30 Minuten backen. Vor dem Servieren mit dem Schnittlauch bestreuen.
3. Tip: Mit einer Sauce nach Wahl servieren.

Abbildung:
Reis-Hafer-Salat, Rezept rechte Spalte

1
Insalata di riso e avena
Reis-Hafer-Salat

50 g Langkornvollreis
50 g Haferkörner
1 gelber Gemüsepaprika/ Peperoni, gewürfelt
1 Tomate, gewürfelt
1 Handvoll Alfalfasprossen
$1/2$ Salatgurke, gewürfelt
1 kleiner Zucchino, gewürfelt
6 Cornichons, in Scheibchen
1 TL Kapern
6 entsteinte grüne Oliven, in Ringen
1 Bund Schnittlauch, fein geschnitten
1 Schalotte, fein gehackt
1 Knoblauchzehe, gepreßt
einige Basilikumblätter
Sauce
3 EL Rotweinessig
5 EL kaltgepreßtes Olivenöl
2 EL kaltgepreßtes Sonnenblumenöl
$1/4$ TL Akazienhonig
1 KL Dijonsenf
1 KL Hefeflocken
Meersalz
Pfeffer aus der Mühle
Gemüsebrühepulver

1. Reis und Hafer 1 Stunde in 250 ml/2,5 dl Wasser einweichen. Im Einweichwasser bei niedriger Temperatur 25 Minuten köcheln lassen. Abgießen. Getreide auf einem Küchentuch ausbreiten. Trocknen lassen.
2. Sämtliche Saucenzutaten verrühren. Gut würzen. Getreide dazugeben. 1 Stunde marinieren.
3. Restliche Zutaten zum Salat geben. 10 Minuten stehen lassen. Abschmecken. Mit den Alfalfasprossen garnieren.

1

Riso fritto con mandorle e verdura
Gebratener Reis mit Mandeln und Gemüse

1 Portion Trockenreis (s. unten)
1 EL Butter
4 EL Mandelblättchen
4 EL Olivenöl
1 große Zwiebel, gehackt
1 große Knoblauchzehe, gehackt
400 g Zucchini, gewürfelt
je 1/2 roter und gelber Gemüsepaprika/Peperoni, gewürfelt
Meersalz
Pfeffer aus der Mühle
Gemüsebrühepulver
1 Bund Schnittlauch, fein geschnitten

1. Reis und Mandeln unter ständigem Rühren anbraten. Würzen. Herausnehmen.
2. In der gleichen Pfanne das Gemüse im Olivenöl kurz anbraten. Würzen. Reis beigeben. Einige Minuten braten.
3. Schnittlauch unter den Reis mischen. Warm oder kalt servieren.

1

Riso granuloso
Körniger Reis

300 g Langkornvollreis
650 ml/6,5 dl Wasser
1 TL Meersalz

1. Den gewaschenen Reis auf kleiner Kochstufe unter ständigem Rühren in einem möglichst schweren Kochtopf trocknen. Das Wasser dazugeben. Aufkochen. Auf kleinem Feuer zirka 40 Minuten köcheln lassen. Nach 20 Minuten das Meersalz dazugeben.
2. Nach Ende der Garzeit den Reis auf der ausgeschalteten Wärmequelle zugedeckt trocknen lassen. Für die Feuchtigkeitsaufnahme ein Küchentuch unter den Deckel klemmen. Reis mit einer Gabel lockern.

1

Riso allo zafferano
Safranreis

1 EL Olivenöl
1 Zwiebel, fein gehackt
250 g Rundkornvollreis
350 ml/3,5 dl Wasser
150 ml/1,5 dl Weißwein
1 Beutel Safranpulver oder einige Safranfäden
1 KL Meersalz
50 ml/0,5 dl Wasser
4 EL flüssige Butter
1 Lorbeerblatt

1. Zwiebeln im heißen Öl dünsten. Reis beigeben. 2 bis 3 Minuten unter ständigem Rühren weiterdünsten. Mit dem Wasser und dem Weißwein ablöschen. Lorbeerblatt und Safran dazugeben. Aufkochen. Reis auf kleinstem Feuer zugedeckt 30 Minuten köcheln lassen.
2. Salz und restliches Wasser unter den Reis rühren. Weitere 15 Minuten auf kleinstem Feuer zugedeckt köcheln lassen. Lorbeerblatt entfernen.
3. Flüssige Butter unter den Reis rühren. Abschmecken.

1

Riso dolce
Süßer Reis

100 g Rundkornvollreis
250 ml/2,5 dl Wasser
1 Prise Meersalz
1 Vanilleschote, längs halbiert
1 Zitrone, davon abgeriebene Schale
250 g Schlagsahne/-rahm
Pistazien für die Garnitur, gehackt
Akazienhonig
4 Portionen Saisonfruchtsalat oder frische Beeren

1. Reis, Wasser, Salz und Vanilleschoten aufkochen. Auf kleinem Feuer 35 Minuten köcheln lassen. Reis erkalten lassen.
2. Vanillesamen auskratzen. Zum Reis geben. Mit 2 bis 3 Eßlöffeln Akazienhonig süßen. Abgeriebene Zitronenschalen und Schlagsahne unter den Reis rühren.
3. Fruchtsalat oder Beeren in Suppenteller geben. Vom kalten Reis je 2 gehäufte Eßlöffel auf jeden Teller geben. Mit den Pistazien garnieren.

Kartoffeln

– Die Kartoffel ist ein äußerst vielseitiges, gesundes Nahrungsmittel. Dank ihrem hohen Mineralstoffgehalt ist sie ein guter Schutz für Herz und Nieren und wirkt regulierend auf den Wasserhaushalt im Körper. Sie macht nicht dick, sättigt gut und regt die Verdauungstätigkeit an.

– Das in der Kartoffel enthaltene Eiweiß ergänzt sich ideal mit konzentriertem pflanzlichem Eiweiß, Nüssen, Frischkost und komplexen Kohlehydraten. Diese Kombinationen sind im allgemeinen ebenso hochwertig wie solche mit tierischem Eiweiß. Wenn wir zu einem späteren Zeitpunkt nicht mehr ganz so strikt trennen, kann die Kartoffel mit wenig tierischem Eiweiß in Form von Milchprodukten oder einem Ei kombiniert werden.

– Wenn möglich Kartoffeln aus biologischem Anbau kaufen. Sie enthalten weniger Nitrat, sind nicht so wässerig, sind länger haltbar, enthalten mehr Vitalstoffe und schmecken dadurch besser. Die Vitalstoffe befinden sich unmittelbar unter der Schale. Am besten geschont werden sie, wenn man die Kartoffeln samt Schale im Dampf gart und anschließend schält und verarbeitet.

1

Patate fritte alle erbe
Kräuterkartoffeln

800 g Kartoffeln, geschält, in 2 cm großen Würfeln
5 Knoblauchzehen, gepreßt
1 Rosmarinzweig, zerrieben
Meersalz
Pfeffer aus der Mühle
4 EL Öl

1. Kartoffeln im heißen Öl unter öfterem Wenden so lange braten, bis sie goldgelb und gar sind. Kurz vor Garende würzen und Knoblauch und Rosmarin beigeben.
2. Variante: Frühkartoffeln in der Schale garen. Kartoffeln samt Schale im heißen Öl rundum anbraten. Mit Salbei und wenig Thymian würzen.

1

Crocchette con mandorle
Mandelkroketten

500 g mehlige Kartoffeln
100 g Dinkelmehl, Kleie ausgesiebt
Meersalz
Pfeffer aus der Mühle
Gemüsebrühepulver
Muskatnuß
Mandelblättchen
Bratbutter

1. Kartoffeln in der Schale kochen. Schälen. Durch ein Sieb (Passevite) drücken. Würzen. Mehl unter die Kartoffeln kneten.
2. Aus der Kartoffelmasse Kroketten formen und diese in den Mandelblättchen drehen. In der heißen Butter braten.

1
Patate alle mandorle
Mandelkartoffeln

1 kg festkochende Kartoffeln
100 g Mandelblättchen
100 g Butter
Kräutermeersalz

1. Kartoffeln in der Schale kochen. Noch heiß schälen. In dicke Scheiben schneiden.
2. Mandelblättchen trocken rösten. Butter beigeben und schmelzen lassen. Über die Kartoffeln verteilen. Würzen.

1
Patate al ramerino con scalogno
Rosmarinkartoffeln mit Schalotten

500 g Frühkartoffeln
300 g Schalotten, halbiert
8 EL Olivenöl
1 Zweig Rosmarin, Nadeln abgestreift
Meersalz
Pfeffer aus der Mühle

1. Kartoffeln gut bürsten. Nicht schälen. In Scheiben schneiden.
2. 4 Eßlöffel Olivenöl in eine ofenfeste Form geben. Kartoffeln, Schalotten und Rosmarinnadeln mischen. Würzen. In die Form füllen. Das restliche Öl darüberträufeln.
3. Rosmarinkartoffeln im vorgeheizten Ofen bei 220 Grad auf mittlerer Schiene rund 20 Minuten backen.

1
Gnocchi gratinati con noce
Gnocchi mit Nüssen überbacken

800 g mehlige Kartoffeln
200 g Dinkelmehl, Kleie ausgesiebt
Nußsauce
50 g Walnüsse/Baumnüsse, gehackt
1 Knoblauchzehe, gepreßt
2 EL Vollkornsemmelbrösel/ -paniermehl
2 EL Wasser
50 g Schlagsahne/-rahm
Meersalz/Pfeffer aus der Mühle
1 EL Gemüsebrühepulver

1. Kartoffeln in der Schale kochen. Schälen. Heiß durch ein Sieb (Passevite) drücken. Mehl unter die Kartoffeln kneten. Kartoffelteig gut bearbeiten, damit man einen griffigen Teig erhält. Je nach Kartoffelsorte braucht es etwas mehr oder weniger Mehl.
2. Kartoffelteig in einen großen, mit kaltem Wasser ausgespülten Spritzsack ohne Tülle füllen.
3. Wasser mit 1 Eßlöffel Salz aufkochen. Gnocchi in drei Arbeitsgängen kochen. Teig in das leicht kochende Wasser pressen, dabei die Teigwurst alle 1 bis 1 1/2 cm mit der Küchenschere trennen. Gnocchi nicht rühren, sondern warten, bis sie von selbst an die Oberfläche steigen. 30 Sekunden ziehen lassen. Mit einer Schaumkelle herausnehmen und in eine gebutterte Ofenform füllen. Oberste Lage mit flüssiger Butter einstreichen. Sauce darauf verteilen.
4. Gnocchi im vorgeheizten Ofen bei 220 Grad rund 10 Minuten überbacken.

5. Varianten: Für grüne Gnocchi 1 bis 2 Eßlöffel gedämpften, fein gehackten Spinat mit den gepreßten Kartoffeln mischen. Mit flüssiger Butter servieren. – Gnocchi mit einer Béchamelsauce (Seite 59) überbacken. – 6 große Salbeiblätter in 80 g Butter dünsten. Über die Gnocchi gießen. Mit Salz und Pfeffer würzen. – Gnocchi mit einer Tomatensauce (Seite 58) oder Gemüsebolognese (Seite 58) servieren.

Abbildung rechts

1
Patate con rucchetta e nocciole
Schalenkartoffeln mit Rucola-Haselnuß-Sauce

1 kg festkochende Kartoffeln
Sauce
1 Bund Rucola/Rauke, sehr fein gehackt
2 EL Haselnüsse, mittelgrob gehackt, trocken geröstet
3 EL Haselnußöl
3 EL kaltgepreßtes Sonnenblumenöl
Meersalz
Pfeffer aus der Mühle

1. Kartoffeln in der Schale kochen.
2. Sämtliche Zutaten für die Sauce verrühren.
3. Kartoffeln heiß servieren. Sauce separat dazu geben.
4. Variante: Haselnüsse durch Walnüsse/Baumnüsse und Haselnußöl durch Walnuß-/Baumnußöl ersetzen.

Hülsenfrüchte

– Bei stark kalkhaltigem Wasser empfiehlt es sich, für das Garen von Hülsenfrüchten Mineralwasser ohne Kohlensäure zu verwenden.

– Je älter die Hülsenfrüchte (runzelige Haut), desto länger die Garzeit.

– Hülsenfrüchte erst nach dem Garen salzen. Essig oder Zitronensaft erst den gegarten Hülsenfrüchten beigeben. Salz und Säure verlangsamen oder verhindern das Weichwerden.

– Mitkochen von Kombualge (ca. 3 cm) verkürzt die Kochzeit. Nach dem Garen entfernen.

– Hülsenfrüchte vor dem Einweichen verlesen. Mit kaltem Wasser abspülen.

– Linsen und geschälte Hülsenfrüchte brauchen nicht eingeweicht zu werden.

– Schnelle Garmethode von Hülsenfrüchten: Über Nacht in kaltem Wasser einweichen. Am darauffolgenden Tag im Schnellkochtopf garen.

– Es ist schwierig, für getrocknete Bohnen die exakte Garzeit anzugeben, denn die Bohnen sind unterschiedlich groß, die einen haben eine dicke Haut, die andern eine zarte.

1

Minestra di fagioli
Dicke Bohnensuppe

100 g weiße Bohnen oder Borlotti-Bohnen
3 EL Olivenöl
1 Zwiebel, grob gehackt
1 Knoblauchzehe, grob gehackt
1 Lauch, in Ringen
1 große Tomate, ohne Haut und Stielansatz, gewürfelt
100 g Kartoffeln, in Würfeln
150 g grüne Bohnen, zerkleinert
3 cm Ingwer, geschält
einige Zweige Petersilie
1 Lorbeerblatt
2 kleine Zucchini, in Würfeln
100 g Möhren/Karotten, in Würfeln
100 g Wirsing, in Streifen
2 Sproß Stauden-/Stangensellerie, in Scheiben
150 gekochter Reis oder 100 g gekochte Teigwaren, z.B. große Makkaroni, als Einlage
Pestosauce (Seite 56)

1. Bohnen in 1 Liter kochendes Wasser geben. 2 Minuten auf hoher Stufe kochen. Über Nacht im Kochwasser einweichen.

2. Am darauffolgenden Tag Bohnen im Einweichwasser 30 Minuten auf kleinem Feuer köcheln lassen. Nicht salzen! Wasser weggießen.

3. Zwiebeln, Knoblauch, Lauch und Tomaten im Öl dünsten. Kartoffeln, grüne und weiße Bohnen, Ingwer, Lorbeerblatt und Petersilie beigeben. Mit der Gemüsebrühe ablöschen. 30 Minuten köcheln lassen. Restliches Gemüse beigeben. 20 Minuten köcheln lassen. Ingwer und Lorbeerblatt entfernen. Gekochten Reis oder gekochte Teigwaren zur Suppe geben. Weitere 5 bis 10 Minuten köcheln lassen.

4. Bohnensuppe in eine vorgewärmte Suppenschüssel füllen. Pestosauce separat servieren. Sauce erst am Tisch in die Suppe geben und gut verrühren. Mit viel frisch gemahlenem Pfeffer würzen.

5. Tip: Die Suppe zusätzlich mit 1 Eßlöffel Balsamico-Essig und 1 Teelöffel Worcestersauce abschmecken.

1

Fagioli al forno
Ofenbohnen

150 g große weiße Bohnen (Saubohnen)
1 Knoblauchzehe, grob gehackt
6 Salbeiblätter
3 EL Olivenöl
1 l Wasser
Kräutermeersalz
1 EL kaltgepreßtes Olivenöl extra vergine

1. Bohnen über Nacht einweichen. Wasser weggießen.

2. Bohnen, Knoblauch, Salbei, Olivenöl und Wasser in einen schweren Topf, vorzugsweise aus Gußeisen, geben. Deckel aufsetzen. Bohnen auf der untersten Schiene des auf 190 bis 200 Grad vorgeheizten Ofens rund 3 Stunden garen.

3. Bohnengericht vor dem Servieren mit Kräutermeersalz oder grobem Meersalz würzen. Das kaltgepreßte Olivenöl darunterrühren. Mit reichlich Pfeffer aus der Mühle abschmecken. Warm oder kalt servieren.

Abbildung rechts

1

Minestra di ceci
Kichererbsensuppe

100 g Kichererbsen

1 Zweig Thymian

5 große Salbeiblätter

4 EL Gemüsebrühepulver

2 Schalotten, gehackt

1 große Knoblauchzehe, fein gehackt

250 g Stauden-/ Stangensellerie, in Ringen

400 g Tomaten, ohne Haut und Stielansatz, entkernt, gewürfelt

100 g Broccoli

1 Sträußchen Petersilie, fein gehackt

2 EL Öl

1 EL Pinienkerne

1 grüne Pfefferschote/ Peperoncino, entkernt, in Streifen

Meersalz

Pfeffer aus der Mühle

2 EL Petersilie, fein gehackt, als Garnitur

Knoblauchbrot

4 Vollkornbrotscheiben (Toastbrot)

2 EL kaltgepreßtes Olivenöl extra vergine

1 Knoblauchzehe, gepreßt

1. Kichererbsen über Nacht einweichen. Wasser weggießen (in verdünnter Form den Pflanzen geben).

2. Erbsen, Thymian und Salbei in 1 Liter Wasser auf kleinem Feuer 1 Stunde köcheln lassen. Erst am Schluß die Gemüsebrühe beifügen. Kräuter entfernen.

3. Dem Erbsentopf 100 ml/1 dl Erbsenbrühe entnehmen. Sämtliches Gemüse und sämtliche Gewürze zusammen mit den Pinienkernen und dem Öl (2 EL) in der Brühe 30 Minuten köcheln lassen. Topfinhalt fein pürieren. Durch ein Sieb streichen.

4. Gemüsepüree zu den Kichererbsen geben. Würzen. 2 Minuten köcheln lassen.

5. Für das Knoblauchbrot gepreßten Knoblauch und Öl mischen. Brotscheiben damit einstreichen.

6. Brotscheiben in vorgewärmte Teller legen. Heiße Suppe dazugießen. Mit Petersilie bestreuen.

7. Tip: Für Knoblauchliebhaber 2 bis 3 Knoblauchzehen fein hakken. Im Öl braten. Über die Suppe streuen.

1

Piatto unico di fagioli
Bohneneintopf

300 g getrocknete, kleine weiße Bohnen

1 Lorbeerblatt

je 1 Rosmarin- und Thymianzweig

1 große Schalotte, geviertelt

3 Knoblauchzehen, gehackt

2 Tomaten, ohne Haut und Stielansatz, halbiert

150 g Vollkornhohlnudeln, gekocht

Meersalz

Pfeffer aus der Mühle

5 EL kaltgepreßtes Olivenöl extra vergine

1. Bohnen über Nacht in kaltem Wasser einweichen. Wasser weggießen.
2. Bohnen, Lorbeerblatt und Kräuterzweige in 1 Liter Wasser auf kleinem Feuer 60 bis 80 Minuten köcheln lassen. Nach 40 Minuten Schalotten, Knoblauch und Tomaten beigeben. Lorbeerblatt und Kräuterzweige entfernen.
3. Gekochte Teigwaren zu den Bohnen geben. Bei Bedarf Wasser nachgießen. Kräftig würzen. Olivenöl darunterrühren.

1

Minestra di lenticchie con germi di rafano
Linsensuppe mit Rettichsprossen

200 g grüne Linsen

1 Frühlingszwiebel samt Grün, in Ringen

3 Lorbeerblätter

2 EL Butter

1 Schalotte, fein gehackt

2 Knoblauchzehen, gehackt

1 Zweig frischer Thymian

150 g Möhren/Karotten, in Stäbchen

1 EL Tomatenpüree

Meersalz

Pfeffer aus der Mühle

2 Gemüsebrühewürfel

150 g/1,5 dl Sahne/Rahm

1 Handvoll Rettichsprossen

4 Scheiben Crostini mit Knoblauch (Seite 40)

1. Linsen über Nacht in 1 ½ l Wasser einweichen.
2. Linsen, Schalotten und Lorbeerblätter im Einweichwasser auf kleinem Feuer 40 Minuten köcheln lassen. Lorbeerblätter entfernen.
3. Frühlingszwiebeln, Knoblauch, Thymian und Möhren in der Butter weichdünsten. Tomatenpüree mit wenig Linsenkochwasser verrühren und dazugeben.
4. Möhren und Gemüsebrühewürfel zu den Linsen geben. Aufkochen. Thymianzweig entfernen. Suppe pürieren. Durch ein Sieb streichen.
5. Suppe und Sahne unter Rühren aufkochen. Abschmecken.
6. Die heiße Suppe in vorgewärmten Tellern anrichten. Rettichsprossen darüberstreuen. Crostini separat servieren.

1

Insalata bicolore di fagioli con germi di frumento
Zweifarbiger Bohnensalat mit Weizenkeimlingen

je 100 g getrocknete weiße und rote Bohnen

1 Thymianzweig

Meersalz

2 EL Weizenkörner, gekeimt

2 Tomaten, Stielansatz entfernt, in Scheiben, entkernt

1 weiße Zwiebel, in feinen Scheiben

2 Knoblauchzehen, gepreßt

1 EL glattblättrige Petersilie, gehackt

Sauce

2–3 EL Balsamico-Essig

3 EL kaltgepreßtes Olivenöl extra vergine

1 EL kaltgepreßtes Weizenkeimöl

1. Bohnen über Nacht in kaltem Wasser einweichen. Wasser weggießen.
2. Bohnen zusammen mit dem Thymianzweig auf kleinem Feuer 60 bis 80 Minuten köcheln lassen. 10 Minuten vor Ende der Garzeit mit Salz würzen. Kräuter entfernen. Kochwasser weggießen.
3. Bohnen mit der Sauce mischen. 1 Stunde ziehen lassen. Restliche Zutaten dazugeben.

Fleisch

– Fleisch nur dann verzehren, wenn man ein echtes
Verlangen danach verspürt.
– Wöchentliche Höchst-
menge beachten.
– Bio-Fleisch den Vorzug
geben.
– Brattopf ohne Öl erhitzen.
Der Fettstoff verteilt sich
dadurch besser. Öl bis zum
Rauchpunkt erhitzen. Erst
jetzt das Fleisch in den Topf
geben.
– Klebt das Fleisch, Brattopf
von der Wärmequelle neh-
men und warten, bis es sich
von selbst wieder löst. Die
gleiche Wirkung erzielt man,
wenn man das Fleisch kurz
mit einem Deckel zudeckt.
– Fleisch in kleinen Portionen anbraten und warm
stellen. Dies ist für gutes
Bräunen wichtig. Zudem tritt
weniger Saft aus, und das
Fleisch trocknet nicht aus.
– Kurz gebratenes Fleisch
nach dem Braten salzen,
damit es saftig bleibt.
– Marmoriertes Fleisch vor
dem Braten salzen, damit
das Fett herausfließen kann.
– Vakuumverpacktes Fleisch
ist im Kühlschrank einige
Tage haltbar. Es wird durch
die Lagerung noch zarter.
– Fleisch vor dem Braten
30 Minuten bei Zimmertem-
peratur stehen lassen.

3
Ragù di coniglio alla grappa con olive
Kaninchenragout mit Grappa und Oliven

1 kleines Kaninchen, in großen Stücken
3 EL Olivenöl
1 Rosmarinzweig
3 ganze Knoblauchzehen
1 Gläschen Grappa
4 ganze Tomaten, ohne Haut und Stielansatz
150 ml/1,5 dl Gemüsebrühe
100 g entsteinte schwarze Oliven
50 g Reform-Margarine

1. Kaninchenfleisch im Öl anbraten. Knoblauch, Rosmarin und
Grappa beigeben. Flüssigkeit
einige Minuten verdunsten lassen. Würzen. Tomaten und
Gemüsebrühe dazugeben. Auf
kleinem Feuer zugedeckt
20 Minuten köcheln lassen.
2. Reform-Margarine und Oliven
beigeben. Weitere 20 bis
35 Minuten köcheln lassen.
Abschmecken.

3
Filetto di manzo con pesto
Pochiertes Rinderfilet mit Pesto

500 g Rinderfilet, am Stück
1 großer Lauch, halbiert, in 5 cm langen Streifen
2 Möhren/Karotten, in Scheiben
200 g Sellerie, in Würfeln
1 große Zwiebel, geviertelt
3 Knoblauchzehen, halbiert
2 Markknochen
2 EL Olivenöl
2 l Gemüsebrühe
1 Sträußchen Petersilie
4 Zweige Thymian
1 Lorbeerblatt
10 schwarze Pfefferkörner
Pesto (Seite 56)

1. Gemüse samt Knochen im Öl
dünsten. Mit der Brühe ablö-
schen. Gewürze und Kräuter bei-
geben. Zugedeckt auf kleinem
Feuer 1 Stunde köcheln lassen.
Rinderfilet in die Brühe legen. 25
Minuten zugedeckt pochieren
(die Brühe darf nicht kochen).
Fleisch in Scheiben schneiden.
Suppe separat servieren.

104

3

Cosciotto d'agnello al forno

Lammkeule aus dem Ofen

1 kg Lammkeule
6 Knoblauchzehen, geviertelt
2 Rosmarinzweige, Nadeln abgestreift
4 EL Olivenöl
Meersalz
Pfeffer aus der Mühle
Marinade
1 EL Dijonsenf
2 EL Grappa
3 EL Olivenöl
3 Knoblauchzehen, gepreßt
1 EL Provencekräuter
1/2 Zitrone, abgeriebene Schale

1. Lammkeule mit der Marinade einstreichen. Über Nacht im Kühlschrank marinieren. 1 Stunde vor dem Braten aus dem Kühlschrank nehmen.
2. Der Lammkeule, auch um den Knochen, mit einem scharfen Messer kleine Einschnitte machen. Mit dem Knoblauch und den Rosmarinnadeln spicken. Würzen.
3. Lammkeule im vorgeheizten Ofen bei 190 Grad 60 bis 90 Minuten braten. Von Zeit zu Zeit mit dem Bratfond übergießen.
4. Lammkeule vor dem Tranchieren im ausgeschalteten Ofen mindestens 10 Minuten ruhen lassen.
5. Tip: Damit das Fleisch saftig bleibt, braucht es 1 kg Bratgut.
6. Tip: Kaltes Fleisch mit Senf servieren oder für einen Fleischsalat (Seite 106) verwenden.

3

Piedino di vitello al pomodoro

Kalbshaxe an Tomatensauce

4 Kalbshaxenscheiben
60 g Reform-Pflanzenfett
1 große Schalotte, gehackt
400 g Tomaten, ohne Haut und Stielansatz, entkernt und gewürfelt
1 Pfefferschote/Peperoncino, entkernt, nach Belieben
1 EL Tomatenpüree
100–125 ml/1–1,25 dl Weißwein
1 Rosmarinzweig
1 Lorbeerblatt
100 ml/1 dl Gemüsebrühe
2 Knoblauchzehen, gehackt
1/2 Sträußchen Petersilie, gehackt
1/2 Zitrone, davon Zesten (das Gelbe der Schale in Streifen)
Meersalz
Pfeffer aus der Mühle

1. Schalotten im Fett dünsten. Herausnehmen. Fleisch beigeben und anbraten. Schalotten, Tomaten, Pfefferschoten und Tomatenpüree zum Fleisch geben. Kurz dünsten. Mit dem Weißwein ablöschen. Gewürze beigeben. Kalbshaxen zugedeckt auf mittlerem Feuer 60 bis 90 Minuten schmoren lassen. Haxen gelegentlich wenden. Bei Bedarf mit Gemüsebrühe verdünnen. 10 Minuten vor Ende der Garzeit Knoblauch, Petersilie und Zitronenzesten zum Fleisch geben. Rosmarinzweig und Lorbeerblatt entfernen. Abschmecken.

3

Coniglio alla salsa di senape con chicchi d'uva

Kaninchen an Senfsauce mit Traubenbeeren

4 Kaninchenkeulen/-schenkel oder Kaninchenteile
3 EL Öl
Meersalz
Pfeffer aus der Mühle
3 Knoblauchzehen, ungeschält
200 g blaue Traubenbeeren, halbiert, entkernt
Sauce
200 ml/2 dl Wasser
100 ml/1 dl Weißwein
1 Gemüsebrühewürfel
1–2 EL Dijonsenf
100 g Reform-Margarine

1. Fleisch mit Salz und Pfeffer würzen. Im Öl kräftig anbraten. Die Knoblauchzehen beigeben. Zugedeckt 20 bis 30 Minuten, je nach Größe der Fleischstücke, schmoren lassen. Fleisch warm stellen. Knoblauchzehen auf die Seite legen. Fett weggießen.
2. Weißwein, Wasser und Gemüsebrühewürfel in den Brattopf geben. Auf hoher Stufe auf 1/3 einkochen lassen. Senf und Margarine unter kräftigem Rühren mit dem Schneebesen zur Sauce geben. Knoblauchzehen aus der Haut drücken. Unter die Sauce rühren. Abschmecken. Traubenbeeren in der Sauce erwärmen.
3. Mit der Sauce auf vorgewärmten Tellern einen Spiegel machen. Kaninchenfleisch darauf anrichten. Mit wenig Sauce beträufeln. Mit viel Frischkost und gedünstetem Gemüse servieren.

3
Insalata di carne
Fleischsalat

300 g kalte Lammkeule, in Streifen oder Würfeln

4 Portionen Blattsalat

Marinade

4 EL kaltgepreßtes Olivenöl extra vergine

1 EL Weißweinessig

1 EL Zitronensaft

$^1/_2$ Zitrone, abgeriebene Schale

1 KL Dijonsenf

1 Schalotte, fein gehackt

1 Knoblauchzehe, gepreßt

5 Cornichons, in Scheiben

1 EL Kapern

Meersalz

Pfeffer aus der Mühle

Sambal Oelek, nach Belieben

1. Fleisch mit der Marinade mischen. 1 Stunde stehen lassen.
2. Blattsalat auf Tellern anrichten. Mit wenig Olivenöl beträufeln. Fleischsalat in die Mitte geben.

3
Pollastri al pomodoro
Tomatenhähnchen

1 Freilandhähnchen/-poulet

6 EL Olivenöl

Meersalz

Pfeffer aus der Mühle

200 g Zwiebeln, gehackt

4 Knoblauchzehen, gehackt

2 Pfefferschoten/Peperoncini

400 g gut reife Tomaten, ohne Haut und Stielansatz, gewürfelt

2 EL Tomatenpüree

125 ml/1,25 dl Gemüsebrühe

1 Zimtstengel

1. Hähnchen in die einzelnen Teile zerlegen: Keule/Schenkel, Flügel, Brust (2 Teile), Rücken (2 Teile). Würzen.
2. Hähnchen portionenweise im Öl auf der Hautseite anbraten. Auf die Seite stellen. Öl bis auf 1 Eßlöffel weggießen.
3. Zwiebeln, Knoblauch und Pfefferschoten im restlichen Öl gut dünsten. Tomaten und Tomatenpüree beigeben und mitdünsten. Hähnchenteile und Zimtstengel in den Brattopf geben. Mit der Gemüsebrühe ablöschen.
4. Hähnchen zugedeckt auf kleinem Feuer 35 bis 45 Min. köcheln lassen. Von Zeit zu Zeit wenden.
5. Pfefferschoten und Zimtstengel entfernen. Abschmecken.

3
Scaloppina di vitello alla salvia e al Marsala
Kalbsschnitzel mit Salbei und Marsala

4 dünne Kalbsschnitzel

12 große Salbeiblätter

50 g Reform-Pflanzenfett

2 EL Olivenöl

5–6 EL Marsala

1. Kalbsschnitzel flach klopfen (mit dem Holzbrett). Mit Zahnstochern auf jedem Schnitzel 3 Salbeiblätter fixieren.
2. Fett und Öl stark erhitzen. Schnitzel würzen. Auf beiden Seiten anbraten. Marsala dazugeben. 3 bis 5 Minuten köcheln lassen, bis das Fleisch zart ist.
3. Fleisch herausnehmen. Zahnstocher entfernen. Abschmecken. Sofort servieren.
4. Tip: Mit frischen Feigen und Trauben servieren.

Abbildung rechts

3
Stufato al vino rosso
Schmorbraten an Rotweinsauce

800 g Rinderbraten, in Stücke geschnitten

4 EL Olivenöl

3 Knoblauchzehen, grob gehackt

1 Zweig Rosmarin

5 Salbeiblätter

Meersalz

Pfeffer aus der Mühle

150 ml/1,5 dl guter italienischer Rotwein

5 EL Tomatenpüree

300–400 ml/3–4 dl heiße Gemüsebrühe

1. Öl erhitzen. Knoblauch, Rosmarin und Salbei beigeben. 2 Minuten Farbe annehmen lassen. Fleischstücke beigeben. Rundum anbraten. Würzen. Mit dem Rotwein ablöschen. Flüssigkeit einreduzieren. Tomatenpüree mit wenig Gemüsebrühe verrühren. Zum Fleisch geben. Glattrühren. Ein paar Minuten köcheln lassen. So viel Gemüsebrühe dazugießen, daß das Fleisch gut mit Flüssigkeit bedeckt ist. Aufkochen. Zugedeckt auf mittlerem Feuer 2 Stunden schmoren lassen. Sauce ab und zu mit wenig Gemüsebrühe verdünnen.

Fisch

- Ganzen Fisch unter kaltem Wasser reinigen. Bei Filets reicht trockentupfen.
- Das Marinieren mit Zitronensaft festigt das Fleisch. Sehr zarten Fisch nicht marinieren, damit der Eigengeschmack nicht übertönt wird.
- Fisch erst kurz vor dem Braten/Garen salzen, um ihm nicht zu viel Wasser zu entziehen.
- Kochendes Essigwasser vertreibt den Fischgeschmack aus der Küche. Beim Fischkochen ein in Essig getränktes Tuch zwischen Topf und Deckel legen.
- Fisch im Kühlschrank langsam auftauen lassen.
- Aufgetauten Fisch nicht mehr tiefgefrieren.
- Fisch höchstens 24 Stunden in einer Porzellanschüssel im Kühlschrank aufbewahren. Händler unbedingt nach ganz frischem Fisch fragen.
- Ein frischer Fisch von bester Qualität riecht angenehm nach sauberem Wasser und Algen. Das Auge ist beim ganzen Fisch gewölbt und klar, das Fleisch fest. Die Schuppen sitzen fest.

3

Dorata con erbe fresche
Goldbrasse an Kräutersauce

| 1 Goldbrasse |
| 2 EL Öl |
| Meersalz |
| Pfeffer aus der Mühle |
| **Sauce** |
| je 1 Sträußchen Petersilie und Basilikum, fein gehackt |
| je $^1/_2$ Sträußchen Oregano und Thymian, fein gehackt |
| 1 kleine Schalotte, fein gehackt |
| 3 EL Weißweinessig |
| 3 EL Gemüsebrühe |
| 3–5 EL kaltgepreßtes Olivenöl extra vergine |
| Meersalz |
| Pfeffer aus der Mühle |
| Knoblauch und Pfefferschoten/ Peperoncini, fein gehackt, nach Belieben |

1. Goldbrasse vom Fischhändler filetieren lassen.
2. Filet auf der Hautseite bei starker Hitze braten. Würzen. Filet wenden und 1 bis 2 Minuten fertig braten.
3. Sauce gut verrühren.

3

Seppia con pomodori
Tintenfisch mit Tomaten

| 700 g Tintenfischringe |
| 4 EL Olivenöl |
| 4 EL trockener Weißwein |
| 500 g Tomaten, ohne Haut und Stielansatz, gewürfelt |
| 1 Knoblauchzehe, gepreßt |
| Meersalz |
| Pfeffer aus der Mühle |
| 1–2 Pfefferschoten/Peperoncini, entkernt, in dünnen Ringen, nach Belieben |
| 2 EL schwarze Oliven |
| 1 Sträußchen Petersilie, gehackt |

1. Tintenfischringe waschen und mit einem Tuch gut trocknen.
2. Fischringe im heißen Olivenöl unter öfterem Wenden dünsten. Weißwein beigeben. So lange offen kochen, bis der Wein verdunstet ist. Tomaten, Knoblauch und Pfefferschoten beigeben. Würzen. Zugedeckt auf kleinem Feuer 45 Minuten schmoren lassen. 5 Minuten vor Ende der Kochzeit Oliven beigeben. Mit Petersilie bestreuen.

3

Insalata di merluzzo
Kabeljausalat

700 g Kabeljaufilet
Meersalz
Pfeffer aus der Mühle
3 EL Öl
100 g Feld-/Nüsslisalat
1 Handvoll Alfalfasprossen
100 g Friséesalat
1 Sproß Stauden-/ Stangensellerie, fein geschnitten
8 Radieschen, geviertelt
2 EL schwarze Oliven
4 Cherrytomaten, geviertelt
5 Basilikumblätter, in Streifen
Sauce
5 EL kaltgepreßtes Olivenöl extra vergine
1 EL kaltgepreßtes Sonnenblumenöl
1 1/2 EL Zitronensaft
1 1/2 EL Balsamico-Essig
1 KL Dijonsenf
4 EL Gemüsebrühe
Meersalz
Pfeffer aus der Mühle
Shoyu
2 Knoblauchzehen, gepreßt
1 Schalotte, fein gehackt

1. Kabeljau in mundgerechte Stücke schneiden. Mit Salz und Pfeffer würzen. Im Öl anbraten.
2. Sauce und Fisch sorgfältig mischen. 1 Stunde ziehen lassen. Fisch aus der Sauce nehmen.
3. Restliche Zutaten, außer dem Basilikum, mit der Fischsauce mischen. Auf Teller anrichten. Fischsalat in die Mitte geben. Mit dem Basilikum bestreuen.
4. Variante: Kabeljau durch 600 g Tintenfischringe ersetzen. Dafür Salzwasser und 2 Eßlöffel Essig aufkochen. Tintenfischringe dazugeben. Auf kleinem Feuer 30 Minuten köcheln lassen. Ringe auf der ausgeschalteten Herdplatte im Sud erkalten lassen. In der Sauce 1 Stunde marinieren.

3

Cozze
Miesmuscheln

1,5 kg Miesmuscheln
7 EL Olivenöl
1 Schalotte, fein gehackt
1 Sträußchen Petersilie, fein gehackt
7 EL trockener Weißwein
Meersalz
Pfeffer aus der Mühle
Petersilie für die Garnitur

1. Muscheln unter fließendem kaltem Wasser bürsten. In eine große Schüssel legen. Mit kaltem Wasser auffüllen. 30 Minuten stehen lassen. Offene Muscheln wegwerfen. Restliche Muscheln gut abtropfen lassen.
2. In einem Brattopf das Öl erhitzen. Schalotten und Petersilie dazugeben. Unter ständigem Rühren 5 Minuten dünsten. Muscheln und Wein beigeben. Mit Salz und Pfeffer würzen. Zugedeckt auf kleinem Feuer 5 Minuten köcheln lassen, bis sich die Muscheln öffnen. Geschlossene Muscheln wegwerfen.
3. Muscheln in vorgwärmte Suppenteller legen. Mit dem Muschelsud übergießen. Mit Petersilie garnieren. Sofort servieren.

3

Cozze gratinate
Überbackene Miesmuscheln

1,5 kg rohe Miesmuscheln
Füllung
1 Sträußchen Petersilie, gehackt
2 Knoblauchzehen, gepreßt
Meersalz
Pfeffer aus der Mühle
3 EL Olivenöl
1 EL Reform-Margarine

1. Miesmuscheln kochen: Grundrezept: siehe voriges Rezept.
2. Die obere Schale entfernen. Muscheln füllen. Auf ein mit Backpapier belegtes Blech legen. Gefüllte Muscheln im vorgeheizten Ofen bei 180 Grad 10 Minuten überbacken.

3

Sogliola
Seezunge

4 ganze Seezungen
Meersalz
Pfeffer aus der Mühle
frischer Estragon, gehackt
Knoblauch, gehackt
1 EL Olivenöl
Backpapier

1. Seezungen waschen. Mit einem Geschirrtuch trocknen. Hautseite leicht einritzen.
2. Jede Seezunge in ein Backpapier legen. Kräftig würzen. Kräuter und Knoblauch darüberstreuen. Mit Olivenöl beträufeln. Backpapier so verschließen, daß keine Flüssigkeit auslaufen kann.
3. Seezungen im vorgeheizten Ofen bei 180 Grad je nach Dicke 15 bis 30 Minuten garen.

3
Triglia con olive e maggiorana
Rotbarbe mit Oliven und Majoran

4 Rotbarben, küchenfertig
Meersalz
Pfeffer aus der Mühle
1 EL frischer Majoran
1 TL trockener Majoran
50 g Margarine
4 EL Olivenöl
Olivensauce
2 EL entsteinte schwarze Oliven, in Scheiben
50 g Margarine
Meersalz
Pfeffer aus der Mühle
1 Zitrone, Saft
1 EL Petersilie, gehackt

1. Rotbarben unter fließendem kaltem Wasser gut spülen. Trocknen.
2. Fischbauch mit Salz und Pfeffer und dem frischen Majoran würzen.
3. Margarine und Olivenöl erhitzen. Getrocknete Kräuter beigeben. Fische einzeln im Fett tauchen. Würzen. In eine längliche Ofenform legen. Öl darübergießen.
4. Rotbarben im vorgeheizten Ofen bei 250 Grad ca. 20 Minuten braten. Fische immer wieder mit dem Bratöl übergießen.
5. Für die Sauce Oliven in der Margarine dünsten. Mit dem Zitronensaft und der Petersilie aromatisieren. Würzen. Kurz vor dem Servieren über die Fische gießen.

3
Zuppa di pesce con zafferano e grappa
Fischsuppe mit Safran und Grappa

Fischbrühe
3 EL Olivenöl
150 g Aal
4 große Zwiebeln, geviertelt
100 g Lauch, grüne Teile, in Streifen
1 Fenchel, in Ringen
50 g Knollensellerie
2 Sproß Stauden-/ Stangensellerie
250 ml/2,5 dl Weißwein
1 l Gemüsebrühe oder Fischfond
1 Lorbeerblatt
je 1 Zweig Rosmarin und Thymian
je 5 schwarze und weiße Pfefferkörner
Suppeneinlage
50 g Lauch, weiße Teile, in dünnen Streifen
50 g Knollensellerie, in dünnen Streifen
50 g Möhren/Karotten, in Streifen
4 Knoblauchzehen, gehackt
1 kleine Tomate, ohne Haut und Stielansatz, gewürfelt
800 g Seehechtfilet, in großen Würfeln
1 Beutel Safranpulver
1–2 EL Grappa
Meersalz
Pfeffer aus der Mühle
Gemüsebrühepulver
frischer Oregano

1. Für die Fischbrühe das Gemüse und den Aal im Öl dünsten. Mit dem Weißwein und der Gemüsebrühe oder dem Fischfond ablöschen. Kräuter und Gewürze beigeben. 1 Stunde zugedeckt köcheln lassen.
2. Brühe durch ein Sieb gießen, dabei Flüssigkeit auffangen. Siebinhalt leicht ausdrücken.
3. Lauch, Sellerie, Möhren und Knoblauch in der Fischbrühe garen. Fisch, Tomaten und Safran beigeben. Einige Minuten auf kleinem Feuer ziehen lassen. Die heiße Suppe mit dem Grappa aromatisieren. Würzen. Oregano beigeben. Sofort servieren.

Abbildung rechts

3
Sardine fritte
Fritierte Sardinen

600 g kleine Sardinen, küchenfertig
Hefeflocken
Maiskeimöl zum Fritieren
Meersalz
1 Sträußchen Petersilie, gehackt
Zitronenspalten

1. Sardinen waschen und mit einem Küchentuch gut trocknen.
2. Fische in den Hefeflocken drehen.
3. Nicht zu viele Sardinen aufs Mal im heißen Öl knusprig fritieren.
4. Fritiergut auf einem mit Küchenpapier belegten Gitter abtropfen lassen. Nach Belieben salzen.
5. Sardinen mit Petersilie bestreuen. Mit den Zitronenspalten servieren.

3

Zuppa di pesce e pomodoro
Tomatenfischsuppe

400 g Heilbuttfilets, in 2 cm großen Stücken

400 g Kabeljaufilets, in 2 cm großen Stücken

2 EL Olivenöl

1 große Zwiebel, in dünnen Scheiben

4 Knoblauchzehen, fein gehackt

800 g Tomaten, ohne Haut und Stielansatz, in großen Würfeln

1 Bund Petersilie, gehackt

300–500 ml/3–5 dl Gemüsebrühe oder Fischsud, je nachdem, wie saftig die Tomaten sind

1 Bund Schnittlauch, fein geschnitten, als Garnitur

Meersalz

Pfeffer aus der Mühle

Sambal Oelek, nach Belieben, oder 1 Pfefferschote/Peperoncino, entkernt und gehackt

Pfeffer aus der Mühle

1. Heilbutt in wenig Öl anbraten. Auf die Seite stellen.
2. In der Fischpfanne Zwiebeln, Knoblauch und Pfefferschoten im Olivenöl dünsten. Tomaten, Petersilie und Gemüsebrühe oder Fischsud dazugeben. 15 Minuten köcheln lassen. Pürieren. Durch ein Sieb streichen.
3. Tomatensuppe aufkochen. Würzen. Kabeljaustücke beigeben. Einige Minuten pochieren. Heilbutt dazugeben. Kurz erwärmen.
4. Fischsuppe in vorgewärmten Tellern anrichten. Schnittlauch darüberstreuen. Mit frischem Pfeffer aus der Mühle abschmekken. Sambal Oelek separat servieren.
5. Für diese Suppe eignen sich alle Fische mit festem Fleisch sowie auch Meeresfrüchte.

3

Dorata con erbe fresche
Goldbrasse an Kräutersauce

1 Goldbrasse

2 EL Öl

Meersalz

Pfeffer aus der Mühle

Sauce

je 1 Sträußchen Petersilie und Basilikum, fein gehackt

je $1/2$ Sträußchen Oregano und Thymian, fein gehackt

1 kleine Schalotte, fein gehackt

3 EL Weißweinessig

3 EL Gemüsebrühe

3–5 EL kaltgepreßtes Olivenöl extra vergine

Meersalz

Pfeffer aus der Mühle

Knoblauch und Pfefferschoten/ Peperoncini, fein gehackt, nach Belieben

1. Goldbrasse vom Fischhändler filetieren lassen.
2. Filet auf der Hautseite bei starker Hitze braten. Würzen. Filet wenden und 1 bis 2 Minuten fertig braten.
3. Sauce gut verrühren.

3

Scampi al prezzemolo
Scampi mit Petersiliensauce

24–28 Scampi mit Schale, je nach Größe

3 EL Olivenöl

5 EL Weißwein

4–6 Knoblauchzehen, grob gehackt

Meersalz

Pfeffer aus der Mühle

Zitronenspalten

Petersiliensauce

1 Bund glattblättrige Petersilie

1 kleine Schalotte, fein gehackt

1 Knoblauchzehe, gepreßt

50 g Kapern, sehr fein gehackt, nach Belieben

3 EL Zitronensaft

$1/2$ Zitrone, abgeriebene Schale

Meersalz

Pfeffer aus der Mühle

100–125 ml/1–1,25 dl kaltgepreßtes Olivenöl extra vergine

1. Bei den Scampi Schwanz vom Körper abtrennen. Scampi waschen und trocknen.
2. Scampi im Öl kurz anbraten. Weißwein und Knoblauch beigeben. Würzen.
3. Meeresfrüchte auf einem mit Backpapier belegten Blech im vorgeheizten Ofen bei 200 Grad auf mittlerer Schiene 15 Minuten dünsten. Scampi öfters bewegen und drehen.
4. Meeresfrüchte mit der Petersiliensauce und Zitronenspalten servieren.

Käse
Eier

– Milch, Milchprodukte und Käse sind konzentrierte Nahrungsmittel. Sie sind reich an Fett und tierischem Eiweiß und werden deshalb nur in kleinen Mengen empfohlen.

– Milch von guter Qualität (Bio-Milch) ist ein Naturprodukt, das in ausgewogener Menge alle Nährstoffe enthält, die wir brauchen.

– Milch ist für Kleinkinder wichtig, da sie vollständig resorbiert werden kann.

– Milch und Käse sind die besten Kalziumlieferanten. Sie genügen jedoch in kleinen Mengen. Vitamin D (Sonnen-Vitamin) begünstigt die Nutzung und Resorption von Kalzium schon in kleinen Mengen. Menschen, die in Meeresnähe wohnen, viel Fisch verzehren und viel an der Sonne sind, leiden im allgemeinen nicht an einem Kalziummangel. Weitere gute Kalziumquellen sind Linsen, Nüsse, grünes Gemüse usw.

– Das Ei ist ein wachstumsförderndes, blutbildendes, kräftigendes Lebensmittel. Ein Ei kann 60 g Fleisch oder 75 g Fisch ersetzen.

– Eier vor der Lagerung im Kühlschrank nie waschen oder reiben, damit die Schutzschicht intakt bleibt (schützt vor Bakterien).

3
Pomodori farciti con gorgonzola
Tomaten mit Gorgonzolafüllung

4 Tomaten
einige Basilikumblätter, für die Garnitur
Gorgonzolacreme
200 g Gorgonzola-Mascarpone
50 g Reform-Margarine
2 EL Basilikum, gehackt
Cayennepfeffer
wenig Meersalz

1. Tomaten halblieren. Aushöhlen (dieses für Suppe verwenden).
2. Sämtliche Zutaten für die Gorgonzolacreme verrühren. Abschmecken.
3. Gorgonzolacreme mittels Spritzsack in die Tomaten füllen. Mindestens 1 Stunde kühl stellen.
4. Tomaten kurz vor dem Servieren mit dem Basilikum garnieren.

3
Uovo strapazzato al basilico
Rührei mit Basilikum

5 Freilandeier
1 EL Tomatenpüree
4 Basilikumblätter, fein gehackt
Meersalz
Pfeffer aus der Mühle
30 g Reform-Pflanzenfett
20 g Reform-Margarine
Basilikumblätter, in Streifen

1. Eier und Tomatenpüree gut verquirlen. Gehacktes Basilikum beigeben. Würzen.
2. Pflanzenfett erhitzen. Eimasse dazugeben. Unter Rühren mit der Gabel stocken lassen. Immer wieder vom Rand lösen. Margarineflocken darauf verteilen.
3. Rührei anrichten. Mit dem Basilikum garnieren.
4. Tip: Das Rührei soll weich und cremig sein.

3

Torta d'uova al tartufo
Eierkuchen mit Trüffeln

4 Freilandeier

Meersalz

Pfeffer aus der Mühle

Reform-Margarine

Alfalfasprossen

Trüffel

1 kleiner schwarzer Trüffel,
gebürstet, fein geschnitten

2 EL Petersilie, gehackt

2 EL Öl

Meersalz

Pfeffer aus der Mühle

1. Trüffel im Öl kurz dünsten.
Petersilie beigeben. Würzen.
2. Jedes Ei einzeln gut verquirlen.
Eimasse würzen. In der heißen
Margarine kleine Eierkuchen aus-
backen. Warm stellen.
3. Trüffel auf die Eierkuchen verteilen. Zusammenklappen. Auf
Alfalfasprossen anrichten. Sofort
servieren.

3

Dip di formaggio caldo
Warmer Käsedip

250 g Gorgonzola-
Mascarpone

3–4 EL Sahne/Rahm

viel Pfeffer aus der Mühle

Meersalz

1–2 EL Hefeflocken

1. Gorgonzola-Mascarpone im
heißen Wasserbad zu einer
geschmeidigen Masse rühren.
Sahne und Hefeflocken beigeben. Abschmecken.
2. Tip: Dieser Dip paßt zu Frischkost oder zu gedämpftem Gemüse.

3

Pesca alla crema
di gorgonzola
Pfirsich
mit Gorgonzolacreme

4 gut reife gelbe Pfirsiche,
halbiert

3 EL Rettichsprossen

4 Portionen Blattsalat

Gorgonzolacreme

$^1/_2$ Zitrone, Saft

100 g Gorgonzola-
Mascarpone

2 EL gehackte
Walnüsse/Baumnüsse

3 EL Schlagsahne/-rahm

3 EL Rettichsprossen

1. Sämtliche Zutaten für die Sauce
gut verrühren. Abschmecken.
2. Gorgonzolacreme mittels
Spritzsack in die Pfirsichhälften
füllen.
3. Blattsalat mit einer Sauce nach
Wahl mischen. Salat auf Teller
anrichten. Pfirsichhälften in die
Mitte setzen. Mit den Rettichsprossen garnieren.

3

Uova al forno
Ei im Förmchen

4 Freilandeier

4 Eigelbe von Freilandeiern

200 ml/2 dl kalte
Gemüsebrühe

1 EL Reform-Margarine

1 Bund Schnittlauch,
fein geschnitten

1 Knoblauchzehe,
gepreßt

Meersalz

Pfeffer aus der Mühle

1 EL Reform-Margarine,
für die Form

1. Ganze Eier und Eigelbe gut verquirlen. Übrige Zutaten dazugeben. Glattrühren.
2. Eimasse in gefettete Portio-
nenförmchen gießen.
3. Ofen auf 220 Grad vorheizen.
Großes Backblech zur Hälfte mit
Wasser füllen. 5 Minuten vorheizen. Förmchen ins Blech stellen.
5 Minuten bei 220 Grad und weitere 10 Minuten bei 250 Grad
pochieren.

3

Pomodori farciti
alla mozzarella
Tomaten mit Mozzarellafüllung

200 g Mozzarella,
in kleinen Würfeln

4 große, reife Tomaten

Marinade

1 Sproß Stauden-/
Stangensellerie

1 Knoblauchzehe, gehackt

10 schwarze Oliven

4 EL kaltgepreßtes Olivenöl
extra vergine

Oregano

Pfeffer aus der Mühle

reichlich Meersalz

1. Mozzarella mit der Marinade
mischen. Über Nacht in den Kühlschrank stellen.
2. Den Tomaten einen Deckel
abschneiden. Früchte aushöhlen.
Fruchtfleisch zerkleinern. Mozzarella in kleine Stücke schneiden.
Mit dem Fruchtfleisch mischen.
Würzen. In die Tomaten füllen. Mit
Basilikum garnieren.
3. Variante: Marinierten Mozzarella auf Tomatenscheiben servieren. Mit Basilikumblättern garnieren.

Abbildung rechts

3
Uova su germi d'alfalfa
Ei auf Alfalfasprossen

1 Handvoll Alfalfasprossen
4 gekochte Freilandeier
4 EL kaltgepreßtes Olivenöl extra vergine
Meersalz
Pfeffer aus der Mühle

1. Eier schälen und halbieren.
2. Alfalfasprossen auf Teller verteilen. Eihälften darauf anrichten. Mit dem Olivenöl beträufeln. Würzen.

3
Maionese all'aglio
Knoblauchmayonnaise

3–6 Knoblauchzehen, grob gehackt
2 Eigelbe von Freilandeiern
1 KL Senf
$1/4$ TL Meersalz
100 ml/1 dl kaltgepreßtes Olivenöl extra vergine
100 ml/1 dl kaltgepreßtes Maiskeim- oder Distelöl
3 EL Zitronensaft
Pfeffer aus der Mühle
1–2 EL kaltes Wasser

1. Gehackten Knoblauch im Mörser zerdrücken.
2. Salz, Eigelbe und Senf gut verquirlen. Das Öl unter kräftigem Rühren mit dem Schneebesen langsam zum Eigelb geben. Zitronensaft und Knoblauch beifügen. Wenn die Mayonnaise zu dick ist, mit wenig kaltem Wasser verdünnen. Abschmecken.
3. Tip: Die Knoblauchmayonnaise paßt gut zu gedämpftem Gemüse und Spargel. Die Sauce kann im Teller individuell mit Sambal Oelek oder in Öl eingelegten Pfefferschoten/Peperoncini (Seite 44) nachgewürzt werden.
4. Variante: Knoblauch durch Bärlauch ersetzen.

3
Carciofi farciti con avocado e formaggio
Artischocken mit Avocado-Käse-Füllung

4 Artischocken, ganz
Basilikum, für die Garnitur
Dip
200 g Gorgonzola-Mascarpone
2 EL Zitronensaft
1–2 EL Balsamico-Essig
1 reife Avocado
2 EL Basilikum, gehackt
2 EL Petersilie, gehackt
Meersalz
viel Pfeffer aus der Mühle

1. Artischocken in reichlich Salzwasser 30 bis 40 Minuten köcheln lassen, je nach Größe. Sie sind gar, wenn sich die Blätter leicht zupfen lassen.
2. Gorgonzola, Zitronensaft und Essig verrühren. Avocado halbieren und entsteinen. Fruchtfleisch mittels Löffel herausnehmen. Mit dem Käse gut verrühren. Kräuter beigeben. Abschmecken.
3. Artischocken längs halbieren. Innere Blätter herausziehen. Das Heu mit einem Löffel entfernen.
4. Avocado-Käse-Füllung mittels Spritzsack in die Artischockenmitte geben. Mit Basilikum garnieren.

3
Rucchetta con parmigiano e fichi
Rucola mit Parmesan und Feigen

100 g Rucola/Rauke
100 g Schnittsalat
einige Cherrytomaten, halbiert
100 g Parmesan, mit dem Sparschäler gehobelt
Feigen
250 ml/2,5 dl Weißwein
1 EL Ingwer, grob geraspelt
4 erntefrische Feigen
Marinade
3 EL Zitronensaft
$1/2$ Zitrone, abgeriebene Schale
1 Knoblauchzehe, gepreßt
Meersalz
grob gemahlener schwarzer Pfeffer
2–3 EL kaltgepreßtes Olivenöl extra vergine

1. Weißwein und Ingwer aufkochen. Feigen dazugeben. Feigen auf der ausgeschalteten Herdplatte zugedeckt erkalten lassen.
2. Blattsalat, Tomaten und halbierte Feigen auf Teller anrichten. Marinade darüberträufeln. Käse darüberstreuen. Mit schwarzem Pfeffer würzen.

Nachspeisen

– Nur gelegentlich eine Nachspeise nehmen. Die Reizschwelle von ‹süß› soll möglichst gesenkt werden.

– Eine große Frischkost-Portion und eine Nachspeise dürfen von Zeit zu Zeit zu einer Mahlzeit kombiniert werden. Besser geeignet sind jedoch Saisonfrüchte. Nachspeisen aus Früchten bevorzugen. Die übrigen sind für die Festtafel bestimmt.

– Viele im Handel erhältliche Desserts/Nachspeisen enthalten unerwünschte Stoffe wie Fabrikzucker, raffinierte Mehle, Emulgatoren, Stabilisatoren, Aromastoffe, Farbstoffe usw. Es handelt sich um ‹Konserven›.

– Frisch gemahlenes Vollkornmehl, kaltgeschleuderter Honig, natürliche Fette und Gewürze wie Vanille und Zimt geben der Nachspeise einen feinen Geschmack.

– Für Eiscreme und Sorbets immer flüssigen Honig (Akazienhonig) verwenden. Sämtliche Zutaten sollten gut gekühlt sein (ebenfalls die Gefrierdose). Eis in gut schließendem Vorratsbehälter aubewahren (verhindert raschen Aromaverlust). Eis nicht länger als 6 Wochen im Tiefkühler aufbewahren.

Abbildung:
Granita mit Wassermelonen, Rezept folgende Seite

Granita: ricetta di base
Granita – Grundrezept

¹/₂ l Wasser
1 Vanilleschote, aufgeschlitzt
150–200 g Akazienhonig
Saft von 5 Zitronen oder Saft von 4 Orangen oder Saft von 2 rosa Grapefruits

1. Wasser und Vanilleschote auf hoher Stufe 15 Min. kochen lassen. Kochflüssigkeit durch ein Passiertuch (Baumwolltuch) gießen. Erkalten lassen. Honig und passierten Fruchtsaft zur Kochflüssigkeit geben. Je nach Süße des Fruchtsaftes braucht es mehr oder weniger Honig.

2. Fruchtsaft in einem flachen Behälter 4 Stunden tiefgefrieren. Alle 30 Minuten die Kristalle vom Rand lösen und gut rühren.

3. Für feinere Eiskristalle das Eis vor dem Servieren für 10 Minuten in den Kühlschrank stellen. Dann Eis auf hoher Stufe mixen. Abermals für 10 bis 15 Minuten in den Tiefkühler stellen.

4. Granita in hohe Gläser füllen. Mit Champagner auffüllen. Für Kinder mit kohlesäurehaltigem Mineralwasser oder mit Fruchtsaft auffüllen.

Granita con bacche
Granita mit Beeren

$1/2$ l Wasser
1 Vanilleschote, aufgeschlitzt
150–200 g Akazienhonig, je nach Säuregehalt der Früchte
300 g Beeren, z.B. Erdbeeren, Himbeeren, Brombeeren, püriert, durch ein Sieb gestrichen
$1/2$–1 Zitrone, Saft

1. Zubereitung: siehe Granita, Grundrezept. Der Fruchtsaft wird durch das Beerenpüree ersetzt.

Granita all'aroma di caffè
Granita mit Kaffeearoma

$1/2$ l Wasser
1 Vanilleschote, aufgeschlitzt
150–200 g Akazienhonig
2 Tassen Espresso

1. Zubereitung: siehe Granita, Grundrezept. Der Fruchtsaft wird durch Kaffee ersetzt. Nach Belieben zusätzlich ein Schuß Grappa.

Granita con cocomero
Granita mit Wassermelonen

$1/2$ l Wasser
1 Vanilleschote, aufgeschlitzt
150–200 g Akazienhonig
600 g Wassermelonen, entkernt, püriert

1. Zubereitung: siehe Granita, Grundrezept. Der Fruchtsaft wird durch das Melonenpüree ersetzt. Je nach Süße der Melonen mehr oder weniger Honig.

Abbildung beim Grundrezept

1

Zabaione
Zabaione

300 ml/3 dl Sojamilch
1 Prise Salz
4 EL kaltgepreßtes Sonnenblumenöl
3–4 EL dicklicher Blütenhonig, z.B. Auslese-Honig
4 EL Marsalawein
2 EL Mandellikör
1 Zitrone, abgeriebene Schale

1. Sojamilch und Prise Salz mit dem Mixer schaumig rühren. Nach und nach Öl, Honig, Marsalawein, Mandellikör und Zitronenschale in die laufende Maschine geben. So lange rühren, bis die Masse dickflüssig und sehr schaumig ist.
2. Zabaione sofort servieren. Wenn man die Creme stehen läßt, fällt sie rasch zusammen.

1

Zabaione semifreddo
Halbgefrorene Zabaione

1 Portion Zabaione (s. oben)
250 g/2,5 dl Schlagsahne/-rahm
Kürbiskrokant
2–3 EL Kürbiskerne
2 EL fester Honig

1. Sahne sorgfältig unter die Zabaione ziehen. In einem geeigneten Gefäß mindestens 2 Stunden in den Tiefkühler stellen. Von Zeit zu Zeit rühren.
2. Kürbiskerne ohne Fettstoff so lange rösten, bis die Kerne leicht aufgehen. Honig beigeben. Kurz köcheln lassen. Kerne auf Backpapier erkalten lassen. Hacken.

3. Zabaione 15 Minuten vor dem Servieren aus dem Tiefkühler nehmen. Eventuell kurz mixen. Creme In hohe Gläser füllen. Mit dem Kürbiskrokant garnieren.

1

Gelato di fichi con fichi gratinati
Feigeneis mit überbackenen Feigen

650 g frische Feigen
250 g Akazienhonig
600 g/6 dl Schlagsahne/-rahm
1 KL Cognac
Überbackene Feigen
4 Feigen
wenig Butter
Vanillezucker aus dem Reformhaus
4 EL Wasser
wenig Schlagsahne/-rahm

1. Für das Eis Feigen pürieren. Durch ein Sieb streichen. Püree mit dem Akazienhonig und dem Cognac verrühren. Sahne darunterziehen. Eis in einem geeigneten Behälter tiefgefrieren.
2. Eis vor dem Servieren 15 bis 30 Minuten in den Kühlschrank stellen.
3. Für die überbackenen Feigen die Früchte beim Stielansatz kreuzweise einschneiden und leicht öffnen. Früchte in eine ofenfeste Form stellen. Wenig Butter sowie einige Prisen Vanillezucker auf die Früchte geben. Das Wasser in die Form füllen. Feigen im vorgeheizten Ofen auf Grillstufe 3 bis 5 Minuten überbacken.
4. Überbackene Feigen mit einer Scheibe Feigeneis und wenig Sahne servieren.

Abbildung: Zabaione (mittlere Spalte)

Gelato alla vaniglia: ricetta di base
Vanilleeis – Grundrezept

200 g/2 dl Sahne/Rahm
150 g Crème double
1 Beutel Vanillezucker aus dem Reformhaus
1 Vanilleschote, aufgeschlitzt
160 g Akazienhonig
1 KL Kurkuma
500 g/5 dl Schlagsahne/-rahm

1. Sahne (200 ml/2 dl) und Crème double leicht erwärmen. Sämtliche Zutaten, außer der Schlagsahne, zur Sahne geben. Gut verrühren. 3 Stunden bei Zimmertemperatur stehen lassen. Vanillesamen auskratzen und zur Vanillecreme geben.
2. Schlagsahne unter die Vanillecreme rühren. Mit dem Schneebesen 1 Minute schlagen.
3. Vanilleeis in einem geeigneten Behälter im Tiefkühler tiefgefrieren. Eis 30 Min. vor dem Servieren aus dem Tiefkühler nehmen und in den Kühlschrank stellen.

Gelato alla vaniglia con pere di Marsala
Vanilleeis mit Marsalabirnen

1 Portion Vanilleeis (siehe oben)
2 Williamsbirnen, geschält, halbiert, Kerngehäuse entfernt
50 g dicklicher Blütenhonig, z.B. Auslese-Honig
125 ml/1,25 dl Marsala
125 ml/1,25 dl Wasser
$^1/_2$ TL Vanillepulver
$^1/_2$ TL Zimtpulver
Pfefferminzblätter, für die Garnitur

1. Honig erhitzen. Mit dem Marsala und dem Wasser ablöschen. Gewürze beigeben. Zuckersirup auf mittlerer Stufe 5 Min. kochen lassen. Birnen in den Sirup legen. Zugedeckt auf kleinem Feuer 5 Minuten ziehen lassen. Früchte im Sirup erkalten lassen.
2. Birnen fächerartig aufschneiden. Einen Teil des Birnensirups auf die Teller verteilen. Je eine Birnenhälfte und eine Eiskugel dazugeben. Mit Pfefferminzblättern garnieren.

Gelato alla vaniglia alla Marsala
Vanilleeis mit Marsalasauce

1 Portion Vanilleeis (siehe links oben)
8 EL Marsala
8 EL Wasser
1 EL Akazienhonig
1 EL Zitronensaft
Zitronenmelisse, für die Garnitur

1. Marsala und Wasser aufkochen. Auskühlen lassen. Mit dem Zitronensaft und dem Honig verrühren. Im Kühlschrank 2 Stunden kühlen.
2. Vanilleeis portionieren, d.h. mit dem Eisportionierer Kugeln abstechen. Kugeln in Glasschalen geben. Kalte Marsalasauce darübergießen. Mit Zitronenmelisse garnieren.

Cassata
Cassata

$^1/_2$ Portion Vanillecreme (siehe links oben), leicht gefroren
100 g kandierte Früchte aus dem Reformhaus
3 EL Kirsch
125 g/1,25 dl Schlagsahne/-rahm

1. Kandierte Früchte im Kirsch marinieren.
2. Kastenform/Cakeform für 15 Min. in den Tiefkühler stellen.
3. Leicht gefrorene Creme 2 cm hoch in die Form füllen. 1 Stunde tiefgefrieren.
4. Früchte, Schlagsahne und restliche leicht gefrorene Creme verrühren. In die Form füllen. 4 Stunden tiefgefrieren.
5. Form kurz vor dem Servieren in heißes Wasser tauchen. Rand mit dem Messer lösen. Cassata stürzen und in Scheiben schneiden.

Gelato alla vaniglia con mirabelle fiammeggiate
Vanilleeis mit flambierten Mirabellen

1 Portion Vanilleeis (siehe links oben)
500 g Mirabellen, entsteint
1 EL Blütenhonig
1 EL Pfeilwurzmehl
50 ml/0,5 dl Mirabellenschnaps oder Weinbrand

1. Honig und Pfeilwurzmehl auf kleinem Feuer unter ständigem Rühren erhitzen. Mirabellen dazugeben. Erhitzen. Den erwärmten Schnaps über die Früchte gießen. Anzünden.
2. Vanilleeis portionieren. In Schalen oder auf Teller legen. Mirabellen samt Sauce rundum verteilen. Sofort servieren.

Abbildung:
Tiramisu, Rezept Seite 124

1

Torta gelata
Eistorte

*1 Portion Vanillecreme
(Seite 120), leicht gefroren*

Pistazienpüree

100 g Pistazien

150 ml/1,5 dl Wasser

1 EL Sahne/Rahm

1 EL Akazienhonig

1 EL Pistazien, gehackt

Beerenpüree

*250 g Beeren, z.B. Erdbeeren,
Himbeeren, Brombeeren,
püriert, durch ein Sieb
gestrichen*

$^1/_2$ Zitrone, Saft

*2–3 EL Akazienhonig,
je nach Säuregehalt der Beeren*

1. Für das Pistazienpüree Pistazien im Wasser aufkochen. 2 Minuten köcheln lassen. Über Nacht zugedeckt quellen lassen. Pistazien, Sahne und Honig fein pürieren. Durch ein Sieb streichen. Gehackte Pistazien darunterrühren.
2. Eisform 15 Minuten in den Tiefkühler stellen.
3. Vanillecreme in drei Portionen teilen.
4. Erste Portion Creme in die Form füllen. 1 Stunde tiefgefrieren.
5. Zweite Portion Creme mit dem Beerenpüree, dem Zitronensaft und dem Akazienhonig verrühren. In die Form füllen. 1 Stunde tiefgefrieren.
6. Dritte Portion Creme mit dem Pistazienpüree verrühren. In die Form füllen. Über Nacht tiefgefrieren.
7. Varianten: 75 g fein gemahlene Walnüsse/Baumnüsse und 1 Teelöffel Kirsch oder 2 bis 3 reife Bananen (püriert) mit einer Portion Creme mischen. Oder

4 Eßlöffel Mandelstäbchen zusammen mit 2 Eßlöffeln Honig erhitzen. 1 Prise Vanillezucker beigeben. Auf Backpapier dünn ausstreichen. Trocknen lassen. Krokant in Stücke brechen. Mit einer Portion Creme mischen.

1

Cialde per gelati
Eiswaffeln

150 g weiche Butter

130 g Blütenhonig

4 EL Sahne/Rahm

20 Sojamehl, vollfett

1 Prise Salz

150 g Dinkelmehl

*100 g Dinkelmehl,
Kleie ausgesiebt*

100 g Buchweizenmehl

1 TL Zimt oder Anis

1 TL Backpulver

250 ml/2,5 dl Mineralwasser

1. Butter und Honig schaumig rühren. Sahne, Sojamehl und Salz darunterrühren. Mehl, Backpulver und Zimt mischen. Unter die schaumige Masse rühren. Mineralwasser unter den Teig rühren. 30 Minuten quellen lassen.
2. Waffeleisen einölen. 1 Eßlöffel Teig in die Eisenmitte geben. Eisen schließen. Griffe mit beiden Händen zusammenhalten. Waffel 30 Sekunden backen.
3. Die noch heißen Waffeln um den Stiel einer Holzkelle drehen. Auf einem Gitter erkalten lassen. Für tütenförmige Waffelhüppen/Cornets die Waffeln im noch warmen Zustand zu Tüten drehen, unten spitz, oben breit.

1

Sorbetto di frutta
Fruchtsorbet

*500 g reife Beeren, z.B.
Erdbeeren, Himbeeren,
Brombeeren*

150 g Akazienhonig

$^1/_2$–1 Zitrone, Saft

1. Früchte pürieren und durch ein Sieb streichen. Mit dem Honig und Zitronensaft gut verrühren.
2. Fruchtpüree in einem geeigneten Behälter tiefgefrieren. Immer wieder mit der Gabel verrühren.
3. Sorbet vor dem Servieren 15 bis 30 Minuten in den Kühlschrank stellen.
4. Tip: Für feinere Eiskristalle das Sorbet vor dem Servieren für 10 Minuten in den Kühlschrank stellen. Auf hoher Stufe mixen. Nochmals für 10 bis 15 Minuten in den Tiefkühler stellen.

1

Insalata al popone di miele
Honigmelonensalat

*1 Honigmelone, geschält, in
kleinen Stücken*

200 g weiße Traubenbeeren

*1 Butterbirne, halbiert,
Kerngehäuse entfernt,
in kleinen Stücken*

gehackte Nüsse

3 EL Akazienhonig

1 Zitrone, Saft

$^1/_2$–1 Glas Apfelsaft

Schlagsahne/-rahm

1. Akazienhonig, Zitronensaft und Apfelsaft verrühren. Sauce sorgfältig mit den Früchten und den Nüssen mischen. Mit der Sahne garnieren.

4
Popone di Cavaillon con bacche fresche
Cavaillon-Melone mit frischen Beeren

2 reife Cavaillon-Melonen
150 g Himbeeren
Pfefferminzblätter

1. Melonen quer halbieren. Früchte mit einem kleinen Kugelausstecher aushöhlen.
2. Melonenkügelchen sorgfältig mit den Himbeeren mischen. In die Melonenschalen füllen. Mit Pfefferminzblättern garnieren.
3. Varianten: Melonenkügelchen mit Champagner oder Portwein begießen. In diesem Falle auf die Beeren verzichten.

1
Amaretti
Amarettogebäck

250 g Mandeln, frisch gerieben
200 g Blütenhonig
2 EL Amarettolikör (Bittermandellikör)
1 KL Agar-Agar-Pulver
2 EL Dinkelmehl, Kleie ausgesiebt

1. Sämtliche Zutaten zu einem Teig zusammenfügen. 30 Minuten ruhen lassen.
2. Mandelmasse in einen mit kaltem Wasser ausgespülten Spritzsack ohne Tülle füllen. Mit der Schere die Mandelmasse zentimeterweise abschneiden und auf ein mit Backpapier belegtes Blech legen. Schere immer wieder in kaltes Wasser tauchen.

Abbildung Seite 119

3. Mandelgebäck im vorgeheizten Ofen bei 150 Grad 15 bis 20 Minuten trocknen lassen. Auf dem Blech erkalten lassen.

1
Torta di amaretto a strati
Geschichteter Amarettokuchen

60–80 g Eiswaffeln, zerbröckelt (Seite 122)
1 EL Kakao
Creme
100 g/1 dl Schlagsahne/-rahm
250 g Mascarpone
2 EL Amarettolikör (Bittermandellikör)
3 EL Akazienhonig
Kaffee
100 ml/1 dl starker Kaffee (Espresso)
2 EL Amarettolikör (Bittermandellikör)
2 EL Akazienhonig

1. Für die Creme sämtliche Zutaten glattrühren.
2. Kaffee, Akazienhonig und Likör verrühren.
3. Die Hälfte der zerbröckelten Eiswaffeln in eine Kastenform/Cakeform verteilen. Mit der Hälfte Kaffee tränken. Die Hälfte der Creme darauf verteilen. Restliche zerbröckelte Eiswaffeln auf die Creme verteilen. Mit dem restlichen Kaffee tränken. Mit der Creme abschließen.
4. Form mit Klarsichtfolie decken. Kuchen mindestens 6 Stunden kühlen (Kühlschrank). Vor dem Servieren großzügig mit gesiebtem Kakao bestäuben.
5. Variante: Für Kinder Amarettolikör durch Apfelsaft, Bohnenkaffee durch Getreidekaffee ersetzen.

1
Tiramisu con lamponi
Himbeer-Tiramisu

1 Portion Teig (Seite 124)
1 Zitrone, Saft
Creme
100 ml/1 dl Wasser
1 KL Agar-Agar-Pulver
2 EL Kirsch
500 g Himbeeren
500 g Mascarpone
60 g Akazienhonig
150 g/1,5 dl Schlagsahne/-rahm

1. Teigboden zubereiten: siehe Tiramisu (Seite 124).
2. Für die Füllung Wasser, Kirsch und Agar-Agar-Pulver 1 Minute köcheln lassen.
3. Die Hälfte der Himbeeren pürieren. Durch ein Sieb streichen.
4. Agar-Agar-Mischung mit dem Mascarpone verrühren. Honig und Himbeerpüree dazugeben. Am Schluß die Sahne und die restlichen Himbeeren unter die Creme ziehen.
5. Biskuit so halbieren, daß es in eine längliche Gratinform paßt.
6. Ersten Biskuitboden in die Form legen. Mit der Hälfte des Zitronensaftes tränken. Die Hälfte der Creme darauf verteilen. Zweites Biskuit daraufsetzen. Mit dem restlichen Zitronensaft tränken. Restliche Creme darauf verteilen. Himbeer-Tiramisu zugedeckt mindestens 6 Stunden kühlen (Kühlschrank).
7. Himbeer-Tiramisu nach Belieben mit Himbeeren und Pfefferminzblättern garnieren.

1
Tiramisu
Tiramisu

Biskuit

100 g Dinkelmehl
50 g Dinkelmehl, Kleie ausgesiebt
1 KL Backpulver
1/4 TL Vanillepulver
100 ml/1 dl Mineralwasser
1 EL Amarettolikör (Bittermandellikör)
50 g Blütenhonig
100 g/1 dl Sahne/Rahm
1 EL Kakao surfin, zum Bestäuben

Kaffee

100 ml/1 dl starker Kaffee (Espresso)
1 EL Akazienhonig
2 EL Amarettolikör (Bittermandellikör)

Creme

250 g/2,5 dl Schlagsahne/-rahm
500 g Mascarpone
2–4 EL Akazienhonig
6–7 EL Amarettolikör (Bittermandellikör)

1. Für das Biskuit sämtliche Zutaten zu einem Teig rühren. Teigmasse auf einem mit Backpapier belegten Blech gleichmäßig 5 mm dick ausstreichen. Biskuit im vorgeheizten Ofen bei 175 Grad auf mittlerer Schiene 20 bis 25 Minuten backen. Erkalten lassen.
2. Biskuit so halbieren, daß es in eine längliche Gratinform paßt.
3. Ersten Biskuitboden in die Form legen. Mit der Hälfte Kaffee tränken. Die Hälfte der Creme darauf verteilen. Zweites Biskuit daraufsetzen. Mit dem restlichen Kaffee tränken. Restliche Creme darauf verteilen. Tiramisu zugedeckt mindestens 6 Stunden kühlen (Kühlschrank).
4. Tiramisu vor dem Servieren großzügig mit dem gesiebten Kakaopulver bestäuben.
5. Varianten: Amarettolikör durch Kaffeelikör, 1/2 Marsalawein und 1/2 Amarettolikör, Apfelsaft oder Traubensaft ersetzen.

Abbildung Seite 121

1
Panettone
Panettone

Vorteig

150 g Dinkelmehl, Kleie ausgesiebt
1 TL Koriander, gemahlen
150 ml/1,5 dl temperierte Sojamilch
80 g frische Hefe

Aromaträger

3 EL Sojamilch
1 EL Sojaöl
3 EL Sojamehl
1 EL Zitronenschalen- und Orangenschalen-Aroma aus dem Reformhaus oder abgeriebene Schale 1 Orange oder 1 Zitrone
85 g Blütenhonig
1 TL Meersalz

Teig

400 g Dinkelmehl
150 ml/1,5 dl Sojamilch
150 g Rosinen oder 100 g Rosinen und je 25 g Zitronat und Orangeat aus dem Reformhaus
140 g weiche Butter

1. Sämtliche Zutaten für den Vorteig verrühren. 30 Minuten stehen lassen.
2. Sämtliche Aromastoffe miteinander mischen. 30 Minuten stehen lassen.
3. Für den Teig Dinkelmehl, Sojamilch und Rosinen verrühren. Vorteig und Aromaträger dazugeben. Gut verrühren. Die weiche Butter mit nassen Händen in 3 bis 4 Arbeitsgängen in den Teig kneten.
4. Teig in einem Plastikbeutel im Kühlschrank über Nacht ruhen lassen.
5. Am darauffolgenden Tag Teig kurz kneten. 1 Stunde bei Zimmertemperatur stehen lassen. Abermals kurz kneten. Eine Kugel formen und diese in den Tontopf geben (siehe Punkt 8). Panettone zugedeckt an einem warmen, zugfreien Ort 60 bis 90 Minuten gehen lassen. Panettone mit flüssiger Butter einstreichen.
6. Panettone im vorgeheizten Ofen bei 180 Grad auf der untersten Schiene 60 Minuten backen. Nach 20 Minuten Backzeit Panettone mit Backpapier decken. In der Form erkalten lassen.
7. Gebäck vor dem Verzehr mindestens 1/2 Tag ruhen lassen. Der Panettone kann in Folie eingewickelt einige Tage aufbewahrt werden, schmeckt jedoch frisch am besten.
8. Tontopf: Einen neuen Blumentopf von ca. 19 cm Durchmesser und 18 cm Höhe mit heißem Wasser gut waschen. Trocknen lassen. Mit Öl einpinseln und im vorgeheizten Ofen bei 250 Grad 30 Minuten ‹brennen›. Im ausgeschalteten Ofen 20 Minuten auskühlen lassen. Vor Gebrauch wieder gut einölen. Mit 2 Backpapieren auskleiden. Teig einfüllen. Den gebrauchten Blumentopf lediglich trocken ausreiben, nicht waschen!

Verwendete Abkürzungen

EL = gestrichener Eßlöffel
TL = gestrichener Teelöffel
ml = Milliliter
dl = Deziliter

Wo nicht anders vermerkt,
sind die Rezepte für 4 Personen
berechnet.